全国高等职业院校空中乘务专业"十三五"规划教材

民航法基础教程

吕松涛　主　编

任晓月　副主编

中国民航出版社有限公司

图书在版编目（CIP）数据

民航法基础教程/吕松涛主编 . —北京：中国民
航出版社有限公司，2020. 8
ISBN 978-7-5128-0845-4

Ⅰ.①民… Ⅱ.①吕… Ⅲ.①民用航空-航空法-中
国-高等职业教育-教材 Ⅳ.①D922.296

中国版本图书馆 CIP 数据核字（2020）第 147980 号

民航法基础教程

吕松涛 主 编

任晓月 副主编

责任编辑	陈 晨	
出　　版	中国民航出版社有限公司（010）64279457	
地　　址	北京市朝阳区光熙门北里甲 31 号楼（100028）	
排　　版	中国民航出版社有限公司录排室	
印　　刷	北京京师印务有限公司	
发　　行	中国民航出版社有限公司（010）64297307　64290477	
开　　本	787×1092　1/16	
印　　张	9. 25	
字　　数	209 千字	
版 印 次	2020 年 8 月第 1 版　2020 年 8 月第 1 次印刷	
书　　号	ISBN 978-7-5128-0845-4	
定　　价	29. 80 元	

官方微博　http://weibo. com/phcaac
淘宝网店　https://shop142257812. taobao. com
电子邮箱　phcaac@sina. com

全国高等职业院校空中乘务专业系列教材
企业专家指导委员会名单

吕松涛（北京翔宇通用航空集团董事长）

张玉香（中国国际航空公司原主任乘务长、翔宇航空学院高级顾问、翔宇航空技工学校高级顾问）

崔金生（民航华北地区管理局飞标处原副处长、北京翔宇通用航空有限公司高级顾问）

刘卫国（民航华北地区管理局原人劳处处长）

刘　韧（北京南苑机场安检站副站长）

林卫东（桂林两江国际机场安检站副站长）

李建宗（中国国际航空公司地服部原指挥长）

曹金命（北京首都国际机场原安检站培训主管、安检鉴定专家，翔宇航空学院高级顾问，翔宇航空技工学校高级顾问）

许　平（中国国际航空公司原主任乘务长、翔宇航空学院高级顾问、翔宇航空技工学校高级顾问）

张根立（陆军航空兵学院飞行训练基地原主任、陆军航空兵学院原副院长、北京翔宇通用航空有限公司总经理）

霍海亮（空军第四飞行学院飞机发动机原主任、副大队长，海南航空学校有限责任公司原维修工程部总经理，北京航盾飞机维修有限公司总经理）

彭　辉（北京飞机维修有限公司原高级工程师、北京航盾飞机维修有限公司副总经理）

本书编写组

主　　　编　吕松涛

副　主　编　任晓月

编写组成员　董宏升　李希萌　刘延宏

　　　　　　王　勇　梁修涛　张火星

　　　　　　宋　锐　葛　妍　刘冬侠

序 言　Preface

　　"全国高等职业院校空中乘务专业'十三五'规划教材"是为了适应当前我国民用航空业的快速发展，响应国家教育部门关于办好职业教育的伟大号召，坚持教育与行业需求紧密结合的正确理念，培养民用航空优秀人才，更好地服务于中外旅客而编写的。

　　在各种交通运输方式中，民航业有其鲜明的行业特点：民航旅客对服务质量、服务效率要求很高；行业集中体现高端的科学技术水平，具有国际化和跨地域经营的特点。因此，其用人标准也较于其他行业更加严格，要求从业人员具有较高的职业素养和专业水平，尤其是客舱服务标准和要求越来越高。改革开放以来，中国民航发展迅猛，正在从民航大国走向民航强国，走出去、请进来的宾客源源不断。这就更加要求民航的从业者要努力提高服务意识和业务能力，才能在航空服务的激烈竞争中立于不败之地。

　　本系列教材是由航空公司资深乘务专家、航空公司培训部乘务训练中心资深教员和高等院校从事多年教育工作的经验丰富的教师等多方面力量精诚合作的结果，体现了教育改革的创新理念，更具有科学性、创新性和实用性。编者在总结教学实践经验的同时又做了大量的调研工作，并结合高等职业院校教学的规律和学生的特点，对知识进行了整合，而且更加注重学生技能的训练。

　　本系列教材包括《民航服务礼仪》《民航服务人员形体训练》《民航职业形象设计》《民航客舱服务基础教程》《民航概论》《航空运输地理》和《民航法基础教程》。

　　本系列教材的编者基本上是来自航空服务一线岗位的专业人士和航空教育战线经验丰富的资深教师，他们均有多年的工作心得和教学实践经验。为了能够使学生更好地理解知识点，使教师们在使用该教材时得心应手，教材中有大量的案例和教学指导方法，充分体现了以教师为主导、以学生为主体的教学理念。

　　本系列教材除了以上特点外，在编写体例上也严格按照高等教育教材系统性、完整

i

性和规范性的要求，每章节都设有学习目标和思考题，以满足学生的自学和预习要求。

本系列教材在学院领导的支持和关心下，在行业专家的帮助下，在中国民航出版社的具体指导下，经过一年多的努力终于可以展现在读者面前，在此一并致以诚挚的谢意。

由于编写人员大多是来自一线的工作人员，在时间紧、任务重的情况下，书中难免有不足之处，欢迎广大读者和专家批评指正。

"全国高等职业院校空中乘务专业'十三五'规划教材"编写委员会
2018 年 10 月

前言 Introduction

　　随着经济全球化进程的加快，国际民用航空事业也在飞速发展。中国是全球化进程中的一个重要成员，中国的民用航空运输事业自改革开放以来异军突起、发展迅速，中国民航事业的进步，带动了民用航空法的发展，也对民用航空法律法规不断提出新的更高层次的要求。

　　我国民航业的快速发展，不仅对从业人员的数量有了更大的需求，而且对他们的质量包括受教育程度，特别是其对民用航空法律法规的了解和掌握程度都提出了更高的要求。学好民用航空法是每一个从事民航服务与管理的从业人员，特别是民航中高级管理人员的必修课。各级民航从业人员学好民用航空法是促进和保障我国的民用航空事业进一步走向成熟和发展的当务之急，是航空集团公司所要抓的重要工作。

　　我国的民用航空法从性质上讲是特别法，因此它不同于一般的普通法。按照现行的习惯，特别法优于普通法，这就要求在解决民航工作中产生的问题时应首先适用民航法，只有该法没有规定的，才能适用其他法律。从内容上看，民用航空法涵盖了国家领空主权、行政法规、民法、刑法等内容，涉及的范围非常广泛。此外，民用航空法的专业性很强，涉及空中旅行、航空运输、刑事犯罪等各个方面的专业知识。通过学习民航法，民航从业人员不仅能懂得民用航空的活动规律，而且也能了解民用航空活动各部门之间的关系。民航从业人员学好民航法，就是要学会如何依法治国、依法治民航。只有很好地普及了民航法律知识，才能使民航从业人员不仅能用法律法规来规范自己的行为，同时，还能知法、懂法、守法，依法解决矛盾、处理问题，我们的航空企业才能做大、做强，才能在激烈的国内外市场竞争中站稳脚跟并发展壮大。

　　本书正是适应民航领域普及和发展民用航空法律知识的需要，在学习和借鉴了国内外相关研究成果的基础上编写的一本教材，它不仅是民航服务与管理专业学生的专业用书，也是各级民航从业人员学习民航法知识的一本参考书。本书在章节设置和编写体例上主要以我国现行的《中华人民共和国民用航空法》为基础，设置了"民航法概述，领空主权与航权，民用航空器，民用航空人员，民用航空机场，民用航空运输，民用航空保险，通用航空和危害民航安全的犯罪与刑罚"等相关内容，从而使本书内容在我国现行民用航空法的基础上更为丰富、充实，并有了进一步的发展。通过对本书的学习，读者对民用航空的法律体制及其主要内容能有一个较为全面、清楚和深入的认识。

全书共分九章，具体编写人员分工如下：

全书章节设计、通稿、修订（任晓月）

第一章　民航法概述（王勇）

第二章　领空主权与航权（任晓月）

第三章　民用航空器的法律制度（刘延宏）

第四章　民用航空人员的法律制度（李希萌）

第五章　民用航空机场（董宏升）

第六章　民用航空运输（任晓月）

第七章　民用航空保险法律制度（李希萌）

第八章　通用航空（任晓月、李希萌）

第九章　危害民航安全的犯罪与刑罚（李希萌）

由于时间和水平所限，本书撰写中难免有错误和瑕疵，恳请广大读者及业内外人士提出宝贵的意见！愿我们的努力能为我国民航事业的繁荣和发展尽一份微薄之力。

编者

2020 年 6 月

目 录　Contents

第一章 民航法概述

📚 **学习目标**

1. 了解法的含义。
2. 了解民航法的发展历史及法规框架。
3. 熟悉我国民航法的基本框架。
4. 掌握民航法的含义及民航法的相关知识。
5. 掌握民航法的调整对象、特征、渊源。

📚 **关键词**

民航法；调整对象；特征；渊源；法规框架

📚 **知识框架**

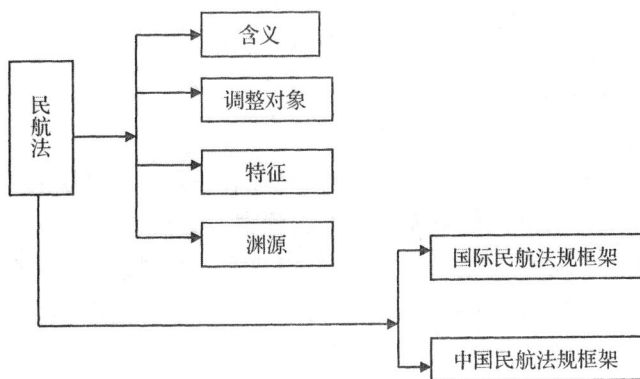

✈ **任务导航**

1983 年 8 月 31 日傍晚，大韩航空公司 KE007 号航班波音 747-200B 型客机，执行纽约—汉城（现为"首尔"）定期航班任务。由于航程太远，中途必须在美国阿拉斯加州的安克雷奇国际机场停留加油并更换机组人员。当晚 10 点 55 分，29 名机组人员就位，240 名旅客全部登上了飞机，他们来自 16 个国家和地区。两小时以后，这架客机偏离航道 500 多公里，进入了苏联萨哈林岛（库页岛）上空。该地区是苏联海空军基地，基地装有洲际核导弹，是苏联绝密军事重地。9 月 1 日凌晨 3 点，苏军歼击机向 KE007 连发两枚"纳布"式寻热导弹。4 分钟后，KE007 在 9000 米的高空爆炸了，机上 269 个生命伴随着熊熊火光消失在茫茫的夜空之中。

导航思考

这是国际民航史上空前的惨剧。根据这一事件，我们思考以下几个问题：

1. 对于误入领空的民航客机，苏联是否有权采取军事打击，将其击落？
2. 苏联的行为是否符合《芝加哥公约》关于领空主权的相关条款？
3. 苏联是否应该对大韩航空公司及罹难人员给予赔偿？
4. 《芝加哥公约》关于领空主权原则的相关条款是否需要进行调整和补充？

第一节　民航法的内涵

一、法的基本概念

在中国传统文化中，法律富含着公平如水、正义神圣的深刻意蕴，寄托着惩恶扬善、匡扶正义的价值追求。据我国第一部文字工具书《说文解字》考证，法，古体字写作"灋"，是一个会意字，从"水"，表示法律、法度公平如水平面；从"廌"（zhì），"廌"是古代神话传说中的一种神兽，据说能够辨别曲直；右下部"去"表示在审理案件时，它会用角去触碰理屈的人。

法的基本含义是：刑法；法律；法度。所谓法律，是由国家创制并保证实施的行为规范。法律是由社会物质条件决定的，是统治阶级意志的体现。

二、民航法的含义

民航法是指调整民用航空活动所产生的各种社会关系的法律规范的总和。民航法是20世纪初的产物。在人类利用航空而发展的过程中，必然会产生与航空活动相联系的广泛而复杂的各种社会关系。尤其是当民用航空成为一个国家的一项重要经济活动，航空科学技术、航空企业以及有关部门成为一国经济结构中的重要门类时，必然要求建立与这种社会关系相适应的法律制度，以保障并促进航空事业的发展。由此决定了民用航空法作为一种法律门类，民航法学作为一门新的独立学科的存在价值。

民用航空业的发展水平，是一个国家整个经济发展水平的重要标志，是国家现代化程度的象征。另外，人类航空活动天然的国际性，决定了在世界经济一体化的进程中，民用航空业的发展对整个世界经济的影响也是重大的。因此，民用航空活动在其发展中，所涉及的包括国内和国际关系在内的各种社会关系相当复杂和广泛。这就特别需要用民用航空法来规范人们的行为，并调整好这一领域中的各种社会关系，否则，民用航空事业的发展及其空中航行的安全就得不到应有的法律保障。

三、民航法的调整对象

民航法的调整对象主要是民用航空活动所涉及的各种社会关系，同时应协调民用航空与非民用航空，特别是与军用航空的关系。民用航空是指除军用航空和公务航空以外的一切航空活动。军用航空是指军事部门使用航空器为军事目的进行的航空活动。公务航空是指国家机关使用航空器为执行公务而进行的航空活动。例如，海关缉私、公安机关巡逻、追捕逃犯等使用航空器进行的航空活动。

民用航空划分为"运输航空"和"通用航空"两大类。运输航空是指向公众开放的，使用民用航空器在区域之间进行位置移动的活动，包括定期航空运输（定期航班）和不定期航空运输（主要形式是包机运输）。通用航空是指公共航空运输以外的一切民用航空活动。国际民用航空组织将通用航空定义为"为取酬或者出租的不定期航空运输以外的一切民用航空活动"。通用航空包括航空作业、急救飞行、航空训练、航空体育等。

民航法调整民用航空活动产生的社会关系，其范围是十分广泛的。凡与航空器、航空器的正常状态、航空器的操作、航空器所有权及其正常转移、机场、信标、商业航空运输及其国际通航、可能造成的损害责任、保险等有关的问题，都在民航法的调整范围之列，受民航法的约束，内容极其丰富。概括起来主要有以下几个方面：

第一，纵向关系。指民航主管机构与民航经营部门之间或上下级主管机构之间的领导与被领导的关系。国家民航主管机构根据社会对民航消费的需求和预测，确定民航业发展的规模和重点发展的方向，并在此基础上制定发展民航业的方针和措施。

第二，横向关系。指平等主体之间的关系，即民航企业之间的相互关系以及民航企业与消费者之间的关系。

第三，民用航空与非民用航空的协调关系。民航法不仅要调整好民用航空活动产生的社会关系，而且要调整与民用航空相关的其他活动，协调好它们之间的关系。这是因为：首先，民航法关于领空主权的规定，是一切航空活动都须遵守的规则。其次，在同一空域中同时进行各种航空活动，不论是民用航空还是军用航空，为了保障飞行安全的需要，都必须接受统一的空中交通管制，遵守统一的空中交通规则。最后，非民用航空部门参与民用航空活动，必须受民航法有关规定的约束。

第四，具有涉外因素的关系。民航法的国际性反映在国内法上，也就是说，国内民航法是一种涉外性很强的法律。因此，民航法也调整大量具有涉外因素的社会关系，如国家民航主管机构对外国民航公司在中国境内投资经营所形成的关系、国内民航公司与外国民航公司之间的关系以及国内消费者和国外消费者乘坐国际航班和国内航班所形成的各种关系，等等。

▌▌课堂互动▌▌

是非小辩论

一、辩题：

是（正方）：儒家认为，王子犯法，与庶民同罪。

非（反方）：儒家认为，刑不上大夫，礼不下庶人。

提示：这两种观点都是儒家的观点，请结合法的含义，展开辩论，即哪种观点有道理。

二、方法和步骤：

1. 推选 1 名主持人；

2. 推选 2 名记录员；

3. 推选正方辩手 3 名；反方辩手 3 名。

4. 推选评委 5 名。

5. 统计分数，宣布结果。

三、老师讲评。

思考与练习

1. 名词解释：民航法。

2. 简述民航法的调整对象。

第二节　民航法的特征

民航法是调整民用航空活动所产生的社会关系的法律。根据民航法的含义以及民用航空活动的特点，民航法具有国际性、独立性和综合性，兼具公法与私法及平时法的特征。

一、民航法的国际性

民用航空所具有的国际性决定了民航法具有国际性。航空活动的国际性主要是由航空技术自身的特性、航空运输的特点和航空活动自身发展的需要决定的。

首先，航空运输中介——空气空间的无边界性决定了航空活动具有国际性。航空运输的中介与海运、铁路或公路运输的中介不同。由于地理、种族以及政治上的原因，海运、铁路或公路运输的中介是在人为划定边界的不同国度里；而航空运输的中介是空气空间，空气空间是围绕地球的一个立体存在，并无有形的边界可言，不受高山峻岭所阻，没有江湖海洋之隔，航空器的起飞和降落就是一种界限。从这一点上来讲，人类在空气空间的航空活动把世界上所有地理区域连接起来，既不受海洋的分隔，也无高山可以阻挡，这恰恰是船舶、火车、汽车等交通工具所不具有的。航空运输的这种特殊性质，决定了民航法的国际性。如果不用国际统一的法律规则，而使用各国千差万别的国内法，航空活动势必寸步难行，进而干扰、阻碍航空活动的发展。

其次，从人类开展航空活动的历史和现状来看，其目的主要是进行国际航空运输。对一些小国而言，航空器一起飞，就往往飞出了国界，使用高成本的航空器进行运输的意义不大。例如，对于航空活动的发源地欧洲来说，这个道理就更容易被人们理解。在欧洲，中小国家林立，飞机半个小时内就可飞越几个国家。鉴于航空活动所使用的工具——飞机具有速度快的特性和优势，欧洲国家过去主要将其用于国际航行。因此，航空运输的主要目的是在国家之间架起"空中桥梁"，方便各国人民之间的往来。

第三，航空活动所使用的工具——飞机具有速度快的特性和优势，决定了航空活动具有国际性。航空器是一种高速交通工具，飞行的距离越远，就越能发挥它的优势，取得最佳效益。对一些中小国家而言，航空器主要用于国际航行。而今，就经济发达的欧洲大陆各国而言，国内交通主要依靠铁路和公路，国内航班虽较当初有了较大增加，但始终未超过陆地交通。因此，航空活动从一开始就具有国际性。

最后，就有着广阔疆域的美国、俄罗斯、印度、加拿大、中国来说，国内航空活动具有重要价值，国内航空运输有着广阔的发展前途。特别是在航空最发达的美国，航空在国内运输中已逐渐取代了铁路。然而，即使在这几个屈指可数的领土大国，航空活动的国际性仍然是不可忽视的。一个最明显的例证就是制止航空犯罪问题。劫持飞机的罪犯很容易把一国国内航班飞机劫往外国。一旦这种情况发生，国内航空活动就演变为国际航空活动。

因为航空活动的国际性决定了民航法具有国际性，民航法的国际性主要体现在以下几个方面：

（1）国际航空活动对统一的航空技术标准的需要，要求民航法具有国际性，并制定统一的航空法律规范。

民航法律规范的统一性其实是所有法律的一般属性，是法律具有规范作用的必备条件。在航空活动中，尤其是在国际航空活动中如果没有统一的技术标准，安全的空中航行和有序的航空业将难以得到可靠的保障。只有建立一套统一的法律规范，民用航空活动的技术标准才能统一。因此，《国际民用航空公约》（第三十七条）规定："缔约各国承允在关于航空器、人员、航路及各种辅助服务的规章、标准、程序及工作组织方面进行合作，凡采取统一办法而能便利、改进空中航行的事项，尽力求得可行的最高程度的一致。"1919 年创立的"国际空中航行委员会"，1925 年成立的"国际航空法律专家技术委员会"以及 1947 年正式成立的"国际民用航空组织"，在统一国际航空法律规范方面做了大量的工作，尤其在统一国际航空技术标准方面取得了巨大的成就。

（2）各国国内民航法是一种涉外性很强的法律，国内航空法与国际航空法有着十分密切的关系。

例如，《中华人民共和国民用航空法》（以下简称《民用航空法》）根据民用航空活动国际性强的特点，既考虑了适应建立具有中国特色社会主义市场经济的航空运输市场的需要，又尽可能汲取了现有的国际航空公约的经验和精华，妥善处理与有关国际公约的关系，使我国的民用航空法律制度与国际通行的法规接轨。第一类是我国已经批准或者加入的公约，如 1929 年的《华沙公约》、1944 年的《芝加哥公约》、1955 年的《海牙议定书》、1963 年的《东京公约》、1970 年的《海牙公约》和 1971 年的《蒙特利尔公约》等，这类公约对我国具有法律约束力。《民用航空法》中的有关条款与这类公约的规定基本上一致。第二类是我国尚未批准或者尚未加入，但是其内容合理，且与我国现行政策不相抵触的公约，如 1948 年的《日内瓦公约》、1961 年的《瓜达拉哈拉公约》等，《民用航空法》吸收了这类公约的基本内容，以有助于健全、完善我国民用航空法律制度。第三类是我国目前尚未批准或者尚未加入的公约，而且其某些部分与我国实际情况不符或者与我国现行政策尚有抵触，但其中又有某些部分是正确、合理的，代表了国际民用航空立法的发展方向，如 1952 年的《关于外国航空器对地面（水面）第三人造成损害的公约》（简称《罗马公约》）、1971 年的《危地马拉议定书》等，《民用航空法》有选择地吸收了其合理成分。第四类所涉及的一些公约，其调整对象是航空器扣押、航班飞行程序等，虽然各有一定的重要性，但是鉴于这些公约所调整的问题一时还提不上我国的议事日程，《民用航空法》未予吸收。一般而言，国内航空法应尽可能地采用国际航空法律规范和国际上的通行做法，否则不利于国际航空交往，也将阻碍本国民用航空事业的发展。

总之，国内航空法的许多法律规范往往直接来源于国际航空法。通过对各国航空法的比较研究不难发现，虽然各国的法律制度不同，航空法在形式上有所不同，但就其实质内容而言，各国航空法在某种程度上并没有本质上的不同。这一方面是由于各个国家都参加了国际条约，需履行承担相应的国际义务；另一方面，从历史根源上讲，航空法发展史表明，在航空法中，外交公约先于国内法，因为航空运输一问世就成了国际运输。

二、民航法的独立性和综合性

民航法具有独立性，从民航法的产生和发展的历史以及现今研究的成果来分析，民航法作为一个独立的法律部门未免牵强，但是，将民航法作为一个独立的法律学科确实又是符合民航法研究和发展的需要的。从历史上看，有的学者否认民航法的独立性，其主要原因是认为航空法深受海商法和海洋法的影响，所规定的一些原则主要来源于海商法和海洋法。另外，有的人认为无论是在海上还是在空中，都是航行，只不过所使用的交通工具不同，采用相同的原则是可行的。而且从人类从事运输的历史来看，航海历史较航空历史要长得多，人们在确立航空法的基本原则时，采用海商法的模式是完全可以理解的。海商法对民航法影响的痕迹至今可见。例如，1929 年《华沙公约》关于推定责任、责任限制、免责缘由等规定都是模仿了海商法中的 1924 年"海牙规则"。因此，美国律师协会曾于 1921 年提出将航空法列入海军法中。意大利于 1942 年颁布的航行法就包含大量的适用于海上航行和空中航行的共同规则。意大利是唯一将海上航行和空中航行的法律合并在一部法典中的国家。

但事实证明，海商法的一些原则并不完全适合于民航法。特别是随着航空技术的迅速进步和航空法理论研究的进一步深入，民航法早已摆脱了海商法的模式。例如，在民航法中，1919 年巴黎《空中航行管理公约》曾采用过"无害通过"制度，但到 1944 年芝加哥《国际民用航空公约》便抛弃了这种制度，而代之以航空"业务权"（五种空中自由）的概念；今天，在航空运输中已推行了"无过失责任制"（客观责任制）。而在海运中，到 1978 年才通过《汉堡规则》，采用"完全的过失责任制"。如此种种，都足以说明，不应将民航法与海商法相提并论。

所谓民航法的综合性，是指调整民用航空及其相关领域中产生的社会关系的各种法律手段纵横交错，法律调整的方法多样化。之所以说民航法具有综合性，主要基于两个方面的原因：第一，在航空活动的历史和实践中，公法和私法往往交织在一起，使传统上将法律划分为公法和私法的界限打破了。第二，民用航空部门是由多工种的人员组成的，开展民用航空活动是一项复杂的系统工程，所产生的社会关系也就呈现出多样性和复杂性。对这样的情况实施法律调整，必将形成多样性质的法律关系，自然需要调整手段的多样性与之相适应。

三、兼具公法与私法的特点

民航法作为国际法的组成部分，首先要解决的就是诸如主权、国籍、国家关系等公法问题。在民航法中，1919 年的巴黎《空中航行管理公约》和取代它的现行的 1944 年芝加哥《国际民用航空公约》，以及后来制定的为制止航空犯罪的 1963 年《东京公约》、1970 年《海牙公约》和 1971 年《蒙特利尔公约》，这些都是公法。

在私法领域内，不论是财产权利、合同法还是侵权行为法，因为各个国家间的法律规则和法律传统存在巨大的差别与冲突，达到统一和相互协调特别困难。但是，采取统一的原则和规则又是国际航空运输必要的前提条件。1929 年华沙《统一国际航空运输某些规则的公约》，正是对航空损害赔偿实行统一责任规则的成功之作，迄今为止一直是国际航空法的基本组成部分。然而，民航法对国际统一法律规则的需要，至今并未能圆满解决，仍有若干问题，如空中交通管制人员的责任、产品责任等仍待解决。

四、民航法是平时法

民航法是平时法，是指民航法仅调整和平时期民用航空活动及其相关领域所产生的社会关系。如遇战争或国家处于紧急状态，民用航空要受战时法令或紧急状态下的非常法的约束。作为国际航空法宪章性文件的芝加哥《国际民用航空公约》第三条规定："本公约仅适用于民用航空器"，而不适用于"用于军事、海关和警察部门的航空器"。第八十九条规定："如遇战争，本公约的规定不妨碍受战争影响的任一缔约国的行动自由，无论其为交战国或中立国。如遇任何缔约国宣布其处于紧急状态，并将此通知理事会，上述原则同样适用。"从人类最初发明航空器的动机来讲，可能主要是出于对飞行的向往和对天空的征服。但是，自从航空器出现和逐渐成熟之后，航空器的功能日益多样化，就其基本性质而言，既可在战争时作为武器和运载军事物资与人员的工具，也可在和平时期充当客货运载的器械进行民用航空运输。在航空器历史发展中，已将战争时期用作武器和军事目的的一套规则并入战争法中，1899 年和 1907 年海牙宣言和规则中都对空战有若干专门规则。而现代的国际航空法是以民用航空为其主要规定内容的。

民航法的平时法特点，就是要求在和平时期，所有航空活动都必须遵守统一的空中规则，以维持空中交通的正常秩序，保障飞行安全；但在国防需要的紧急情况下，军用航空器有优先通过权，以保障军用航空保卫国家领空不受侵犯的需要。而且，民航法是平时法，在战时或在国家宣布处于紧急状态的时候，它并不妨碍受战争影响的交战国和中立国的行动自由，交战国和中立国可以不受约束地采取一切必要的行动。

民航法是平时法的特点，说明航空法的规定应适合和平时期发展民用航空的客观规律。空域是航空活动的场所，是国家宝贵的航空资源，必须充分开发、合理利用；在和平时期，应全力支持民用航空活动，以保证民用航空的发展。当然，民用航空是国防的后备力量，国家大力发展现代化的民用航空，有强大的机群，有布局合理的机场，有先进的导航系统，有足够合格的人员，平时可满足经济建设、人民生活和国际交往的需要；战时，民用航空即可转入战时需要，为反抗侵略、保卫祖国服务。

┃┃课堂互动┃┃

连连看

一、互动内容

下列陈述的内容，分别体现了民航法的什么特征？

1. 只有建立一套统一的法律规范，民用航空活动的技术标准才能统一。

2. 国内航空法的许多法律规范往往直接来源于国际航空法。

3. 航空法的规定应适合和平时期发展民用航空的客观规律。

4. 战时，民用航空即可转入战时需要，为反抗侵略、保卫祖国服务。

5. 民航法作为国际法的组成部分，首先要解决的就是诸如主权、国籍、国家关系等公法问题。

6. 1929 年华沙《统一国际航空运输某些规则的公约》，正是对航空损害赔偿实行统一责任规则的成功之作，迄今为止一直是国际航空法的基本组成部分。

7. 调整民用航空及其相关领域中产生的社会关系的各种法律手段纵横交错，法律调整的方法多样化。

8. 民航法作为一个独立的法律学科，确实又是符合民航法研究和发展的需要的。

二、方法和步骤

1. 根据以上内容，将序号和民航法的特征板书（或投影）；

2. 以小组为单位，将序号与民航法特征连线，先完成并正确者优胜。

┃┃思考与练习┃┃

简述民航法的特征。

第三节　民航法的渊源

民航法的渊源是一个相当复杂的概念，我们在这里所研究的不是指民航法的起源，也不是民航法的根据，更不是民航法历史发展上的渊源。我们要研究的仅是民航法的组成和具体的表现形式，即民航法的形式渊源。

民航法的形式渊源较之其他一些法的渊源有其自身的特点，它主要是由制定法或成文法组成的。具体表现在以下四个方面。

一、国际条约

国际条约是国家及其他国际法主体间所缔结而以国际法为准并确定其相互关系中的权利和义务的一种国际书面协议，也是国际法主体间相互交往的一种最普遍的法律形式。国际条约主要包括多边国际条约和双边协定两种形式。

《维也纳条约法公约》的定义是："称'条约'者，谓国家间所缔结而以国际法为准之国际书面协定，不论其载于一项单独文书或两项以上相互有关之文书内，亦不论其特定名称为何。"国际条约的名称很多，主要有条约、公约、协定、议定书、宪章、盟约、换文、宣言等。

现今世界上比较有代表性的民航方面的国际条约，即批准和参加国较多、已经普遍适用的、现正在生效的国际公约，主要有三个序列，一是以1944年芝加哥《国际民用航空公约》为主体的序列。该公约是民用航空的宪章性文件，对国际法在航空领域的具体适用作了整体性规定。二是1929年华沙《统一国际航空运输某些规则的公约》，以及一系列修订文件形成的序列，规定了国际航空运输中有关民事责任的国际私法规则。三是由1963年东京《关于在航空器内的犯罪和其他某些行为的公约》（《东京公约》）、1970年海牙《关于制止非法劫持航空器的公约》（《海牙公约》）和1971年蒙特利尔《制止危害民用航空安全的非法行为的公约》（《蒙特利尔公约》）等所形成的航空刑法序列。

关于国际民用航空的地区性多边和双边条约。地区性多边或双边条约，虽然只涉及少数有关国家，不直接表现为一般国际法，但都间接地表现为一般国际法。如果许多地区性多边或双边条约都作了同样的规定，这样的规定便形成国际法的一般规则。民航法有明显的国际性特点，在国际民用航空领域中的地区性条约中，尤其是大量存在的双边航空运输协定，有很多规定都是相同或近似的，因而是国际民航法的渊源。《双边航空运输协定》在民航法内占有十分重要的地位，它在第二次世界大战后形成，运行至今并仍在调整国际航空运输关系。它基本上是在1944年芝加哥《国际民用航空公约》原则指导下由近两千个双边协定形成的网络构成的。《双边航空运输协定》的主要内容是交换过境权和营运权、确定航路、运力和运费价格，因此其中有某些共同性规则和模式。

二、国际法的一般原则和习惯国际法

虽然国际条约是国际航空法最重要的渊源，但并不排除国际惯例作为国际民航法的渊源，当没有条约规定的时候，惯例就成了适用的规则。国际惯例有个形成的过程，一且被国际社会所接受和承认，便成了国际习惯法规则，具有普遍的约束力。民航法作为国际法的一个组成部分或门类，它要受国际法一般原则和习惯国际法的制约，这是不言而喻的。国际公约的条款中除了已按航空特点引入民航法，如领空主权、国籍、管辖权等以外，联合国宪章以及国际法中有关条约法的规则，对民航法同样适用。例如，条约的缔结、批准、生效、加入、修改、退出、解释等规则，以及修约的继承问题等，都具有约束作用。

三、国内法及法院判例

世界各国都有自己的民航法，而且由于各国法律传统和法律制度不同，民航法千差万别。当然，在各国的民航法中既有与国际公约、条约相协调一致的方面，也有相矛盾或冲突而只适用于各国国内的具体规则。这是因为世界上还没有统一的调整国际航空法律关系的国际公约。但是，国际公约或条约在其拟定规则条款时，常常是以某种法系或某些国家的法律原则或规则为蓝图或基础而制定的。尤其在私法领域，这就需要对某个公约条款的解释与适用，参照该国国内法。例如，虽然1929年《华沙公约》规定了在国际航空运输中限制承运人责任的原则，许多国家将此原则引入国内法，但在美国国内却实行不限制责任的原则。在航空刑法方面，国内法的分量就更举足轻重了。迄今为止，所谓"国际刑法"，实际上是一种"联合刑法"。在刑法领域，国际上只能就哪些行为构成犯罪，哪个国家具有刑事管辖权，或应不应该起诉等问题制定统一规则，至于取证、量刑、判决等一系列实体法与程序法问题，全要由各国根据本国刑法和刑事诉讼法来进行。

在民事责任领域，1929年《华沙公约》仅对航空承运人的责任规定了统一规则，而对航空活动中有关的其他方面，如空中交通管制人员的责任、空中相撞责任、产品责任、机场人员责任等，迄今尚未形成国际统一规则。遇到此类问题则只能适用有关国家的国内法。即便是《华沙公约》也未能将有关承运人责任的全部规则囊括无遗，它的有些条款明示或暗示地将某些问题转至国内法。《华沙公约》对各国法院的判例、对公约的解释或阐明有重大影响。

四、其他

在民航法的形成和发展过程中，还有一些直接或间接的其他不十分规整的渊源。

国际组织的立法或准立法文件，是民航法的另一种渊源。最显著的是国际民航组织（ICAO）和国际航空运输协会（IATA）的立法或准立法活动。1944年《芝加哥公约》第五十四条"理事会必须履行的职能"的第十二款规定："国际民航组织理事会有权按照本公约第六章（国际标准及建议措施）的规定，通过国际标准及建议措施；并为便利起见，将此种标准和措施称为本公约的附件，并将已经采取的行动通知所有缔约国。"这一规定表明国际民航组织理事会被授予准立法权力，因为作为公约附件的"国际标准及建议措施"具有准法律约束力，虽然这些标准及措施大多只涉及具体执行公约条款的技术性细则。后来的实践证明，这是一项相当大的立法权，由理事会制定或修改的 18 个附件所包含的法律规则，有些涉及十分重大的法律问题。

国际民用航空界的另一个权威团体——"国际航空运输协会"，虽是各国航空公司之间的行业组织，却具有半官方的地位。它的立法活动，如通过的决议，在程序或形式上需经有关国家批准始能生效，但生效就成为重要的法律文件。

国际航协所制定的"运输共同条件"，具有补充《华沙公约》规则的价值；而它在协调国际航运价格上的作用尤其显著。它的另一项著名决议 1953 年 045 号决议，是包机规则的最初文件，后来成为发展包机运输业的主要障碍，虽早已被突破，却仍然是研究包机规则的基础性文件。

有些区域性国际组织如"欧洲民航会议"（ECAC）在国际立法中也起过重要作用，经由它主持制定的区域性多边条约、决议、条例，都对国际航空法的发展作出过有益贡献。

国际合同性协议有些也是航空法的渊源，其中著名的如 1966 年《蒙特利尔协议》，它是以美国民航委员会为一方，以世界各航空公司为另一方的民间协议，但该协议却可将进出、经停美国的国际客运航班的责任限额提高到 75000 美元，并修改了《华沙公约》责任基础。就其实际法律意义来说，该协议相当于修订《华沙公约》的议定书，但却采用了与其内容极不相称的民间协议形式。这应该说是在国际航空法发展过程的特定历史条件下出现的一种怪胎或变种。

‖ 课堂互动 ‖

案例分析

一、问题描述

如 A 国发生了地震，A 国欲由其国内承运人运载医疗设备、药物等到 B 国，需要飞经 X、Y、Z 三国。那么，A 国是否需要其他国家的许可？

二、方法和步骤

1. 以小组为单位进行讨论；

2. 讨论结果由小组长宣读；

3. 老师讲评。

三、参考分析

假设 X、Y、Z 国是 1944 年《国际航班过境协定》的成员国，A 国就不需要得到飞经许可。对于 B 国，A 国也不需要其对紧急飞行的事先许可，但要依 B 国的国内规则给予事先的通知。

‖ 思考与练习 ‖

简述民航法的渊源。

第四节　民航法的发展历史及法规框架

一、民航法的萌芽时期

1783 年 11 月 21 日，人们使用蒙哥尔菲热气球首次载人飞行获得成功，这一成功象征着人类开始征服空气空间，被载入了航空发展史册。次年，即 1784 年，在巴黎便发布了治安法令，规定未经警察当局批准，禁止气球升空，这一法令被誉为第一部"航空法"。

1889 年，法国政府邀请欧洲 19 个国家在巴黎召开了第一次讨论航空法的国际会议，但由于各国对航空法的一些基本问题意见分歧，这次会议及其后的几次会议均未产生任何成果。

1902 年，在国际法学会的布鲁塞尔年会上，法国著名法学家福希尔提出了人类第一部航空法典的建议草案——《浮空器的法律制度》。

1903 年，美国的莱特兄弟在北卡罗来纳州的基蒂·霍克试验成功一种机动的重于空气的飞行器械——现代飞机的雏形。三年后，在欧洲，布莱里奥驾驶第一架飞机飞越了英吉利海峡，震惊了世界。

1910 年，欧洲 19 国又在巴黎开会讨论制定国际航空立法问题，但因对空气空间的法律地位，即航空自由还是领空主权的问题不能取得一致意见，未有成果。

总之，在第一次世界大战（1914—1918 年）以前，人类的航空活动基本上还处于试验阶段。热气球、飞船和简易飞机的各种性能还不稳定和成熟，除可执行若干军事使命外，还谈不上作为运输工具运载旅客、货物和邮件。这个时期，各国尤其是英法两国虽在国内初步做了一些立法工作，但还谈不上成套规则。

二、民航法的形成和完善时期

1914—1918 年爆发了第一次世界大战。其间，航空技术被广泛用于战争，以英国为例，战争刚爆发时的 1914 年，只有 12 架军用飞机，到战争结束时的 1918 年，已拥有 22000 架飞机。各国都从航空技术的进步中认识到，航空飞机作为一种新型运输工具，具有无限的发展前途。战争刺激了航空技术和航空制造业的发展，为战后和平时期大力发展民用航空准备了物质条件。

1919 年 10 月 13 日，《空中航行管理公约》在巴黎诞生，简称 1919 年《巴黎公约》。《巴黎公约》共 9 章 43 条，有 8 个附件，并根据公约的规定，建立了常设管理机构"国际空中航行委员会"。在战后的巴黎和会上，顺利地制定了第一个国际航空法典《航空管理公约》。公约第一条规定，各国对其领土之上空气空间具有完全的和排他的主权。这一规定，为国际航空法奠定了基石。

《巴黎公约》在航空法发展史上具有极其重要的意义。其意义在于，它是国际航空法的第一个多边国际公约，确立了领空主权原则，为国际空中航行的法律制度奠定了坚实的基础。它被誉为"航空法的出生证"，标志着航空法的正式形成，表明了"航空法是 20 世纪的产物"。

《巴黎公约》本应是世界性的公约，但由于公约规定有歧视性的条款和政治上的原因，致使公约于 1922 年 7 月 11 日才开始生效。到 1939 年第二次世界大战前，只有 32 个国家批准或加入。而在这一期间，1926 年 11 月 1 日，以西班牙和葡萄牙为首，集合 20 个欧洲和美洲国家，在马德里签订了《伊比利亚—美洲空中航行公约》（简称 1926 年《马德里公约》）；1928 年 2 月 20 日，以美国为首，在哈瓦那签订了《泛美商业航空国际公约》（简称 1928 年《哈瓦那公约》）。因此，《巴黎公约》预定要作为世界性的国际条约的目标并未能完全实现。

尽管存在三个公约，但后两个公约关于空中航行的规定，基本上是与《巴黎公约》一致的，因此，关于空中航行的规定，《巴黎公约》在很大程度上促进了法律制度的统一。此外，该公约按第三十四条设立了"国际空中航行委员会"（ICAN），作为常设性国际机构。它是今天国际民用航空组织（ICAO）的前身。

随着国际航空运输的发展，"私法"方面产生的法律冲突逐渐增多，因而开展了统一私法的国际活动。1925 年 10 月 27 日，在法国政府的倡导下，在巴黎召开了第一届国际航空私法会议，为统一国际航空运输的责任制度提出了一个公约草案，并成立"国际航空法律专家技术委员会"。此后，经"国际航空法律专家技术委员会"的努力，先后制定了 1929 年《华沙公约》、1933 年《罗马公约》及 1938 年《布鲁塞尔保险议定书》、1933 年《航空器预防性扣留公约》等法律文件。

这些文件的全称，一般都被冠以"统一某些规则"的字样，可见这些文件的制作者们的用意。这些努力，的确在统一国际航空私法上作出了一定的贡献。在这一时期，随着国际航空法的形成和发展，一些国家的国内航空法也在逐步完善。

从以上情况不难看出，第一次世界大战后，随着民用航空发展前景的逐渐明朗，出现了国际航空立法的第一次高潮。这个时期形成的国际文件，为后来的国际航空发展奠定了良好的基础。

三、现代民航法的发展时期

第二次世界大战把人类的航空科学与技术推向一个更高的阶段。美国在战争中的有利地位，使它一跃而成为航空超级大国，改变了战前以欧洲为中心的局面。战前，相对于欧洲来说，美国的航空企业和航空科学比较落后，但在战争中它的航空科学和制造远程飞机的能力不论数量和质量都处于绝对领先地位。

（一）芝加哥会议及《芝加哥公约》

芝加哥会议在 1944 年召开，战争虽未结束，但已胜利在望。为规划战后必然会大发展的国际民用航空事业，美国总统罗斯福出面邀请同盟国和中立国出席芝加哥"国际民用航空会议"。这是航空法发展史上规模空前而影响最为深远的盛会，除德意日等

"轴心国"没有资格派代表出席，苏联因不满某些中立国而没有派代表出席外，实际与会的共52国。

芝加哥会议在国际航空立法的基本指导思想上进行激烈争论。会上提出的基本方案主要有三个：

第一，美国的"航空自由"论，主张在国际航空运输中不受主权限制，由各国进行自由竞争。

第二，英国的协调论，主张"航空秩序"，建立一定的国际机构以协调国际航空运输，负责分配世界各条航路，确定运力和运费。加拿大方案基本与英国相同，但希望详细定出条文。

第三，澳大利亚和新西兰方案，主张建立一个超国家性质的国际机构，统一经营国际航空运输，实现航空运输的国际化。

到1945年6月才正式签署的联合国宪章当时也处于酝酿阶段，因此，1944年召开芝加哥会议的时候，人们对战后的国际格局尚十分朦胧，抱有许多幻想。英国方案，尤其是澳大利亚与新西兰方案，在不同程度上反映的这种相当朦胧的幻想，是不切实际的。

芝加哥会议的焦点集中在美国的"航空自由"论与英国的"航空秩序"论上。会议上支持"航空自由"论的只有荷兰和个别北欧国家，而英国的"航空秩序"论获得绝大多数国家的赞同，它最终反映在表述《芝加哥公约》宗旨的"序言"中，"使国际民用航空按照安全和有秩序的方式发展"；更反映在该公约的第一条，它重申了1919年《巴黎公约》关于各国对其领土之上的空气空间具有完全的和排他的权利的原则。当然，这次会议对"航空自由"的概念以及由此次会议形成的所谓"五种航空自由"的说法，与20世纪初的"航空自由"论在内容上有很大不同。

这次会议的主要成就是制定了被称作国际民航宪章的《国际民用航空公约》（也称《芝加哥公约》）。据公约第八十条规定，该公约取代了1919年《巴黎公约》和1928年《哈瓦那公约》，并废止一切与该公约相抵触的协议（第八十二条）。因此，《芝加哥公约》是现行国际航空法的基础文件。公约于1947年4月4日生效，迄今已有150多个国家批准或加入。我国也于1974年加入。按照芝加哥会议的临时协议，在《芝加哥公约》未生效前先设立"临时国际民用航空组织"（PICAO）作为1947年正式国际民航组织（ICAO）的前身。根据公约第六十四条的规定，该正式国际民航组织于1947年5月13日，成为联合国的一个"专门机构"。国际民用航空组织不是联合国的下属机构，也不接受联合国的任何命令。

（二）航空私法规则的完善

第二次世界大战之后，航空私法规则有了较大的完善，主要表现在以下几个方面。

1. 1948年《日内瓦公约》的制定

1948年《日内瓦公约》全称为《关于国际承认对飞机权利的公约》，1957年9月17日起生效。它是在国际民航组织（ICAO）成立后，根据各国要求，在原航空法专家国际委员会（CITEJA）第一小组研究文件草案的基础上，对已依登记国法律登记的飞机产权以及购买、租赁、抵押等权利的国际承认问题，作出了统一规定。这是国际航空私法方面的一个重要国际公约。我国未加入。

2. 1952 年《罗马公约》及其议定书的制定

1952 年《罗马公约》，全称《外国航空器对地（水）面第三方造成损害的公约》，是经国际民航组织法律委员会第 5 次和第 17 次会议讨论，国际民航组织在罗马召开外交会议重新制定了一个新的条约文本，是为了取代 1933 年《罗马公约》而制定的。后来又根据各国对这个公约的意见，于 1978 年 9 月在蒙特利尔制定了修订议定书，即《修订 1952 年在罗马签订的外国航空器对地（水）面第三方造成损害公约的议定书》。该议定书主要在损害赔偿责任限额和航空保险方面作出了有益的促进与补充。但这个罗马公约系列的批准和加入国一直比较少，1978 年的议定书至今尚未生效。

3. 对 1929 年《华沙公约》的修订

从 1953 年起，为了适应国际航空运输的迅猛发展和解决对承运人赔偿限额问题上存在的尖锐分歧，在国际民航组织法律委员会的议事日程中，1929 年《华沙公约》的修订一直占有重要位置。当时分歧的一方是美国，另一方是世界其他各国尤其是新兴第三世界国家。

（三）航空刑法的形成

从 20 世纪 60 年代开始，航空刑法取得了突破性的进展。其中，航空器的法律地位问题是学者们讨论和争议较大的话题。航空法专家国际技术委员会（CTTEJA）第四小组曾对此以及航空器机长的法律地位问题做了不少研究，学者们也提出过各种各样的公约草案，但一直停留在理论争议上。航空的国际性使得传统国际法关于管辖权的规则无法适用。例如，对于最常见的情况，一国飞机驶经外国领空时，对飞机上的犯罪或民事事实和行为，应由哪国管辖为宜？从表面上看，这种情况与外国船舶行驶在一国领海的情况很相似，但实际上复杂得多。

1. 1963 年《东京公约》的制定

从 1956 年起，国际民航组织法律委员会历经八年讨论，三易其稿，才于 1963 年在东京制定了《关于在航空器内的犯罪和其他某些行为的公约》（也称 1963 年《东京公约》）。该公约在国际法上第一次认可了航空器登记国的刑事管辖权。但各国对这个公约相当不满意，致使东京公约迟迟达不到 12 国批准的数目，不能生效。

2. 1970 年《海牙公约》和 1971 年《蒙特利尔公约》

在 20 世纪 60 年代末和 70 年代初，国际恐怖主义恶浪冲击着国际航空，接连发生的劫持飞机事件，震惊了世界各国。在联合国数度专门干预和国际舆论的强烈谴责下，1970 年在海牙签订的《制止非法劫持航空器公约》（也称 1970 年《海牙公约》），1971 年在蒙特利尔修订的《制止危害民航安全非法行为公约》（也称 1971 年《蒙特利尔公约》）应运而生。这两个公约除犯罪定义不同外，其他规则基本相同。这两个公约不仅为航空刑法制定了一套相当完备的规则，而且也是对传统国际刑法若干禁域的突破，形成了"或引渡或起诉"的独特体制，推动了国际刑法的发展。

综上所述，随着民用航空业的飞速发展，民用航空的立法工作也在不断推进，逐步形成了完整的法律框架，即公法、私法和刑法。

所谓公法，是指有关国家稳定的法，造福于公共利益，解决诸如主权、国籍、国家关系等问题。如1944年制定的《芝加哥公约》。

私法是涉及个人利益的法，造福于私人，如航空损害赔偿、空中交通管制人员的责任、产品的责任等。具有代表性的私法主要有：1929年修订的《华沙公约》、1948年制定的《日内瓦公约》、1952年制定的《罗马公约》及其议定书。

刑法是涉及与航空活动相关刑事犯罪的法。如1963年制定的《东京公约》、1970年制定的《海牙公约》和1971年制定的《蒙特利尔公约》。

现代民航法体系的形成和完善，对于规范航空运输活动的管理，推动航空运输业的发展，具有十分重要的作用。

课堂互动

案例讨论

一、案例内容

陆红诉美国联合航空公司国际航空旅客运输损害赔偿纠纷案

1998年5月12日，原告陆红乘坐被告美联航的UA801班机，由美国夏威夷经日本飞往香港。该机在日本东京成田机场起飞时，飞机左翼引擎发生故障，机上乘客紧急撤离。陆红在紧急撤离过程中受伤，被送往成田红十字医院救护，经诊断为右踝骨折。5月14日，陆红到香港伊丽莎白医院做检查，结论为右踝侧面局部发炎，不能立即进行手术。陆红征得美联航同意后，于5月16日入住安徽省立医院治疗，诊断为右侧内、外、后踝骨折伴粉碎性移位。该院先后两次对陆红进行手术治疗。1998年12月22日，陆红出院，休息至1999年3月底。陆红受伤住院期间，聘用两名护工护理；出院后至上班期间，聘用一名护工护理。陆红受伤前的工资收入是每月人民币12400元，受伤后休息期间的工资收入是每月人民币1255元，每月工资收入减少人民币11145元。陆红受伤后，美联航曾向其致函，表示事故责任在于美联航，美联航承担了陆红两次手术的医疗费用计人民币86748.10元。

二、论题

1. 该案例适用于公法、私法、刑法中的哪一种法律形式？

2. 该案的判决结果。

三、方法和步骤

1. 以小组为单位进行讨论，由各组组长总结讨论结果；

2. 老师归纳总结。

四、参考答案

1. 适用法律

双方当事人对本案应适用的法律，一致的选择是《华沙公约》。

我国与美国都是《华沙公约》和《海牙议定书》的成员国。作为公约缔约国，我国有义务遵守和履行公约，故本案应首先适用《华沙公约》和《海牙议定书》。根据"当事人意思自治"的原则，本案双方当事人也一致选择适用《华沙公约》。这一选择不违反我国在涉外民事案件法律适用方面的强行性规定，应当允许。

2. 判决结果

（1）上海市静安区人民法院于 2001 年 11 月 26 日判决：

被告美联航于本判决生效之日起 10 日内，赔偿原告陆红的护理费人民币 7000 元、误工费人民币 105877.50 元、伤残补偿费人民币 18.6 万元、精神抚慰金人民币 5 万元。

（2）被告美联航于本判决生效之日起 10 日内，赔偿原告陆红聘请律师支出的代理费人民币 16595.10 元、律师差旅费人民币 11802.50 元。

（3）鉴定费人民币 11243 元、实际执行费人民币 6000 元，由被告美联航负担。

第一审宣判后，双方当事人均未上诉，一审判决已经发生法律效力。

┃┃ 思考与练习 ┃┃

简述现代民航法的法律框架。

第五节　国际民用航空组织

一、国际民用航空组织概况

国际民用航空组织（International Civil Aviation Organization，ICAO）前身为根据 1919 年《巴黎公约》成立的空中航行国际委员会。第二次世界大战对航空器技术发展起到了巨大的推动作用，使得世界上已经形成了一个包括客货运输在内的航线网络，但随之也引起了一系列急需国际社会协商解决的政治上和技术上的问题。因此，在美国政府的邀请下，52 个国家于 1944 年 11 月 1 日至 12 月 7 日参加了在芝加哥召开的国际会议，签订了《国际民用航空公约》（也称《芝加哥公约》），按照公约规定成立了临时国际民航组织（PICAO）。

1947 年 4 月 4 日，《芝加哥公约》正式生效，国际民航组织也因之正式成立，并于 5 月 6 日召开了第一次大会。同年 5 月 13 日，国际民航组织正式成为联合国的一个专门机构。

1947 年 12 月 31 日，"空中航行国际委员会"终止，并将其资产转移给"国际民用航空组织"。

二、组织机构

国际民航组织由大会、理事会和秘书处三级框架组成。

理事会主席阿留（Olumuyiwa Bernard Aliu，尼日利亚人），2013 年上任，任期至 2016 年。此后连任至今。

秘书长柳芳（中国人）在 2015 年 3 月当选，任期至 2018 年。2018 年 3 月 16 日，国际民航组织第 213 届理事会以鼓掌方式一致通过了柳芳连任秘书长，任期自 2018 年 8 月 1 日至 2021 年 7 月 31 日。

（一）大会

大会是国际民航组织的最高权力机构，由全体成员国组成。大会由理事会召集，一般情况下每三年举行一次，遇有特别情况时或经五分之一以上成员国向秘书长提出要求，可以召开特别会议。大会决议一般以超过半数通过。参加大会的每一个成员国只有一票表决权。但在某些情况下，如《芝加哥公约》的任何修正案，则需三分之二多数票通过。

大会的主要职能为：选举理事会成员国，审查理事会各项报告，提出未来三年的工作计划，表决年度财政预算，授权理事会必要的权力以履行职责，并可随时撤回或改变这种权力，审议关于修改《芝加哥公约》的提案，审议提交大会的其他提案，执行与国际组织签订的协议，处理其他事项等。

大会召开期间，一般分为大会、行政、技术、法律、经济五个委员会对各项事宜进行讨论和决定，然后交大会审议。

（二）理事会

理事会是向大会负责的常设机构，由大会选出的 33 个缔约国组成。理事国分为三类，第一类是在航空运输领域居特别重要地位的成员国，第二类是对国际航空运输的发展有突出贡献的成员国，第三类是区域代表成员国，比例分配为 10：11：12。

理事会设主席一名。主席由理事会选举产生，任期三年，可连选连任。

理事会每年召开三次会议，每次会议会期约为两个月。理事会下设财务、技术合作、非法干扰、航行、新航行系统、运输、联营导航、爱德华奖八个委员会。每次理事会开会前，各委员会先分别开会，以便将文件、报告或问题提交理事会。

理事会的主要职责包括：执行大会授予并向大会报告本组织及各国执行公约的情况；管理本组织财务；领导属下各机构工作；通过公约附件；向缔约各国通报有关情况；设立运输委员会，研究、参与国际航空运输发展和经营有关的问题并通报成员国；对争端和违反《芝加哥公约》的行为进行裁决等。

（三）秘书处

秘书处是国际民航组织的常设行政机构，由秘书长负责保证国际民航组织各项工作的顺利进行。秘书长由理事会任命，现任秘书长为柳芳。秘书处下设航行局、航空运输局、法律局、技术合作局、行政局五个局以及财务处、外事处。此外，秘书处有一个地区事务处和七个地区办事处，分设在曼谷、开罗、达喀尔、利马、墨西哥城、内罗毕和巴黎。地区办事处直接由秘书长领导，主要任务是建立和帮助缔约各国实行国际民航组织制定的国际标准和建设措施以及地区规划。

（四）成员资格问题

关于国际民航组织成员的资格问题，由1944年《芝加哥公约》以及国际民航组织与联合国签订的协议规定。

1. 成员资格

各国通过批准和加入《芝加哥公约》获得国际民航组织成员资格。《芝加哥公约》规定，公约自26个国家批准后生效。因此，最初批准公约的26个国家成为国际民航组织的创始成员国。创始成员国不具备任何特权，与随后加入的成员所享有的权利和承担的义务是完全相同的。公约生效后，即开放加入，但范围限于联合国成员国、与联合国成员国联合的国家或在第二次世界大战中的中立国。同时，公约也准许其他国家加入，但需得到联合国的许可并经大会五分之四的票数通过；如果该国在第二次世界大战中侵入或者攻击了别国，那么必须在得到受到侵入或者攻击的国家的同意后，由国际民航组织把申请书转交联合国全体大会，若大会在接到第一次申请后的第一次会议上没有提出拒绝这一申请的建议，国际民航组织才可以按照公约规定批准该申请国加入国际民航组织。

2. 中止或暂停表决权

根据《芝加哥公约》的规定，任何成员国在合理的期限内，不能履行其财政上的义务或者违反了该公约关于争端和违约规定时，将被中止或暂停其在大会和理事会的表决权。如果联合国大会建议拒绝一国政府参加联合国建立或与联合国发生关系的国际机构，则该国即自动丧失国际民航组织成员国的资格。但经该国申请，由理事会多数通过，并得到联合国大会批准后，可重新恢复其成员资格。

3. 退出公约

任何缔约国都可以在声明退出《芝加哥公约》的通知书送达之日起一年之后退出公约，同时退出国际民航组织。如果有关公约的修正案决议中规定，任何国家在该修正案生效后的规定时期内未予批准，即丧失其国际民航组织成员的资格。对于没有履行这一义务的缔约国而言，就被剥夺了成员资格。

三、主要活动

国际民航组织的主要职责如下：

（1）统一国际民航技术标准和国际航行规则。国际民航组织成立之日起，截至2013年11月15日，已制定了19个国际标准和建议措施作为《国际民用航空公约》的附件，即：人员执照；空中规则；航空气象；航图；计量单位；航空器运行；航空器国籍和登记标志；航空器适航；简化手续；航空通信；空中交通服务；搜寻和援救；航空器失事调查；机场；航空情报服务；航空器噪声；安全保卫；危险品运输；安全管理等。此外，还制定了若干航行服务程序。

（2）协调世界各国国际航空运输的方针政策，推动多边航空协定的制定，简化联运手续，汇编各种民航业务统计，制定航路导航设施和机场设施服务收费原则。此外，还编印了关于国际航空运输发展情况、运价、航空邮运、货运、联营、旅游等研究文献。

（3）研究与国际航空运输有关的国际航空公法和影响国际民航的私法中的问题。到 1981 年止已制定了包括关于航空客货赔偿、防止危及航空器安全的非法行为、对地（水）面上第三人造成损害的赔偿、承认航空器所有权等 13 项公约或议定书。

（4）利用联合国开发计划署的技术援助基金，向发展中国家提供民航技术援助。方式是派遣专家、顾问、教员，提供助学金和设备等。

（5）组织联营公海上或主权未定地区的导航设施与服务法规。

（6）修订现行民航法规条款并制定新的法律文书。主要项目有：

①敦促更多的国家加入关于不对民用航空器使用武力的《芝加哥公约》第三分条和在包用、租用和换用航空器时由该航空器登记国向使用国移交某些安全职责的第八十三分条（中国均已加入）；

②敦促更多的国家加入《国际航班过境协定》（中国未加入）；

③起草关于统一承运人赔偿责任制度的《新华沙公约》；

④起草关于导航卫星服务的国际法律框架。

四、宗旨目的

国际民航组织的宗旨和目的在于发展国际航行的原则和技术，促进国际航空运输的规划和发展。保证全世界国际民用航空安全有序的发展；鼓励为和平用途的航空器的设计和操作技术；鼓励发展国际民用航空应用的航路、机场和航行设施；满足世界人民对安全、正常、有效和经济的航空运输的需要；防止因不合理的竞争而造成经济上的浪费；保证缔约各国的权利充分受到尊重，每一缔约国均有经营国际空运企业的公平的机会；避免缔约各国之间的差别待遇；促进国际航行的飞行安全；普遍促进国际民用航空在各方面的发展。

▌▌课堂互动▌▌

烧脑大 PK

一、PK 内容

1. 国际民航组织成立于哪一年？

2. 国际民航组织由哪几级机构组成？

3. 国际民航组织的主要活动有哪些？

二、方法和步骤

1. 根据 PK 内容看书速记，时间 5 分钟；

2. 以小组为单位抢答；

3. 答案完整准确者胜出。

思考与练习

简述我国在国际民航组织中的作用。

第六节　我国民航业的发展与民航立法

一、我国民用航空行业的形成与发展

航空运输作为现代交通工具，属于国家基础性产业，是先导性行业。民用航空的发展，是国家经济发展和现代化程度的象征。中国民航事业从无到有，发展到现在已初具规模，并正向世界航空大国迈进。中国民航法制建设的任务，就是要建立、健全民航法律体系，充分发挥法律的作用，引导、推进和保障中国民航事业持续、快速、健康地发展，以适应国家经济发展和社会进步的需要。中国的民航事业发展史，以 1949 年 10 月 1 日中华人民共和国宣告成立之日为分界点，划分为新、旧中国的民航事业，这是两种完全不同的面貌。

（一）旧中国的民航事业

1910 年，清朝政府提议兴办航空事业，当时购买了法国苏姆式双翼飞机 1 架，在北京南苑五里店选建飞机场所，训练飞行人员，被视为中国近代航空史之起点。1919 年 3 月，北洋政府交通部成立筹办航空事宜处，1921 年 2 月改组为航空署，隶属于军政部，陆续购进飞机共 8 架，制定了运输章则，拟定了开航计划。1920 年 5 月 8 日，京沪线北京—天津段通航，断断续续飞行了一年多；1921 年 7 月 1 日，北京—济南段通航，但仅飞行了 10 天。到 1924 年，所有这些航空运输业务都陆续停办了。

1923 年，在孙中山先生"航空救国"思想的倡导下，旅美华侨杨仙逸回国在广州创办航空学校。1924 年，在孙中山先生的领导下，在广州的大沙头开办了航空学校。1925—1926 年培养飞行员 527 名。

1929 年 5 月，南京国民政府交通部成立沪蓉航空线管理处，购买美国制造的单翼小型客机 4 架，于同年 7 月 8 日开辟了沪馨线上海—南京段，总计飞行一年多。同年 5 月 1 日，还成立了"中国航空公司"，半年后使用水陆两用飞机，开辟了上海—汉口航线。

1930 年 8 月，国民政府撤销沪蓉航空线管理处，成立中国和美国合资的中国航空

公司（中方股份占 55%，美方股份占 45%；到 1945 年 12 月修改股份各占 80% 和 20%），1931 年 2 月，中国和德国合资成立"欧亚航空公司"（中方占股份 2/3，德方占股份 1/3），1941 年 7 月，中国政府接管并没收了德方股份，1943 年 2 月 21 日决定将欧亚航空公司改组为"中央航空公司"，并于 3 月 3 日正式成立。从以上的情况可以看出，旧中国的民航事业主要是"中国航空公司"和"中央航空公司"（以下称"两航"）开展运营活动。"两航"在当时特殊的历史条件下，经历了艰难曲折和畸形发展的历程。

（二）新中国的民航事业

1949 年 10 月 1 日中华人民共和国成立，为新中国民航事业的建设开辟了一条崭新的社会主义道路。中国人民政治协商会议第一届会议制定的《共同纲领》，提出了要"有计划、有步骤地建造各种交通工具和创办民用航空"。

1949 年 11 月 2 日中国人民革命军事委员会民用航空局成立。同年 11 月 9 日，中国航空公司和中央航空公司在香港起义，组织了 12 架飞机北飞至北京和天津。加上以后两年中组织"两航"机务人员修复的国民党遗留在大陆的 17 架飞机，构成了新中国民航事业初创时期飞行工具的主体。1950 年 7 月 1 日，根据与苏联政府签订的协定，成立了中苏民用航空股份公司，并从 1950 年 7 月 1 日和 8 月 1 日开始，分别在固定航线上正式经营定期国际航班和国内航班。中国民航自成立至 1980 年，领导体制经过六次变动，但一直实行的是以军队领导为主的政企合一的管理体制，集政府部门、航空公司和机场于一身，既是主管民用航空事业的政府职能部门，又是直接经营民用航空业务的全国性企业，规模不大，生产力水平不高，发展缓慢，不能适应国民经济发展和社会进步的需要。

1978 年，党的十一届三中全会召开，实现了伟大的历史性转折，开创了中国社会主义事业发展的新时期。为适应这一新的形势的需求，中国民航管理体制进行了根本性的改革，新中国的民航事业进入了飞速发展的时期。1980 年 3 月，中国民航脱离军队建制，实行政企分开，走企业化道路。

从新中国成立至今，我国民航业取得了长足的发展。特别是改革开放四十多年来，市场化改革循序渐进，促使我国民航业在航空运输、通用航空、机队规模、航线布局、法规建设，以及运输保障、机场建设等方面实现了持续快速发展。2019 年，我国航空运输总周转量位居世界第二位，成为当今世界名副其实的航空运输强国，在中国社会经济发展和世界民航事业发展进程中，扮演者愈来愈重要的角色。

二、我国民航法制建设

随着民用航空的发展，必须制定与一定经济基础相适应的航空法律。北洋政府 1919 年筹办航空事宜时曾拟定航空条例草案，到 1921 年成立航空署后，先后公布《京沪航空线京济运输暂行规则》《京济间载客暂行章程》《飞机乘客应守规则》《招商代收及接送客货暂行办法》。当时的中国政府没有加入 1919 年巴黎《空中航行管理公约》。

在民国时期，1935 年 1 月 19 日颁布了《外国民用飞机进入国境暂行办法》。1941 年 1 月 18 日颁布了《空中交通规则》和《航空无线电台设施规则》。1941 年 5 月 30 日颁布了《民用航空法》，但由于不符合当时中国实际情况，出于国防政策考虑，即被废止。1947 年 1 月 20 日成立交通部民用航空局，陆续颁布了《民用航空驾驶员检定给照暂行规则》《民用航空人员体格标准暂行规则》《空中交通暂行规则》《民用航空器登记暂行规则》《民用航空器标志暂行规则》《空中交通管制员检定给照暂行规则》《航空器灯光及目视信号规则》《民用航空器适航证书请领规则》。在国际航空法方面，当时的中国政府派代表参加并签署了 1929 年《华沙公约》，但未予以批准；1944 年派代表参加了"国际民用航空会议"，签署了 1944 年芝加哥《国际民用航空公约》，并于 1946 年 2 月 20 日送交了批准书。此外，当时的中国政府还签署了 1948 年日内瓦《关于国际承认航空器权利的公约》，但未批准。

1949 年 10 月 1 日中华人民共和国成立，中华人民共和国政府成为中国唯一合法政府。1950 年 11 月 1 日，中央人民政府人民革命军事委员会颁布《中华人民共和国飞行基本规则》，民用航空局公布《外国民用航空器飞行管理规则》；1951 年 4 月 24 日，中央财政经济委员会颁布《旅客意外伤害强制保险条例》；1951 年 5 月 24 日，政务院公布《进出口飞机、机员、旅客、行李检查暂行通则》。

这是新中国成立后早期颁行的航空法规。此后，民航局根据航行、维修、商务等业务工作的需要，制定了有关的条例、规定、规则、细则、条令、办法、规程、手册等规范性文件，加强了中国民航的规章制度建设，对中国民航的发展起到了积极的作用。但限于当时的历史条件，中国民航并未完全走上法制道路。

中国的法制建设走上正轨，是在 1978 年的中国共产党十一届三中全会之后。1979 年 4 月 4 日，政府决定制定中国航空法。从此，中国民用航空总局成立了航空法领导小组和起草小组，中国民航步入了法制轨道。1979—1995 年 16 年间，除研究起草和反复修改航空法草案之外，还起草和修订发布了关于民用航空的行政法规 11 部、民用航空规章近 100 个以及大量的规范性文件。中国民航法制建设成绩显著。

1995 年 10 月 30 日，第八届全国人民代表大会常务委员会第 16 次会议通过了《中华人民共和国民用航空法》（以下简称《民用航空法》），使中国民航法制建设步入了崭新的阶段。此后，随着民航业的发展，我国分别于 2009 年、2015 年、2016 年、2017 年和 2018 年对民航法进行了 5 次修改，使之更加适应我国民航业及世界民航业发展的需要。

三、《中华人民共和国民用航空法》

《中华人民共和国民用航空法》分为"总则""民用航空器国籍""民用航空器权利""民用航空器适航管理""航空人员""民用机场""空中航行""公共航空运输企业""公共航空运输""通用航空""搜寻援救和事故调查""对地面第三人损害的赔偿责任""对外国民用航空器的特别规定""涉外关系的法律适用""法律责任""附则"

等十六章，共二百一十四条。其立法宗旨是"为了维护国家的领空主权和民用航空权利，保障民用航空活动安全和有秩序地进行，保护民用航空活动当事人各方的合法权益，促进民用航空事业的发展"（第一条）。

（一）立法条旨

为了维护国家的领空主权和民用航空权利，保障民用航空活动安全有序地进行，保护民用航空活动当事人各方的合法权益，促进民用航空事业的发展，制定本法。

（二）立法原则

民用航空活动涉及的法律关系十分复杂，又具有国际性强的特点，应尽可能采用国际通行做法，因而起草《民用航空法》遵循了下列原则：

（1）适应社会主义市场经济体制需要的原则。借鉴国际航空立法的经验，坚持纵向的行政管理法律规范与横向的民商法律规范并重，对民商法律关系作了较多规定，以便有效地保护参与民用航空活动有关各方当事人的合法权益。

（2）适应改革开放实际需要原则。坚持改革、开放，根据民用航空活动国际性强的特点，从中国的实际出发，尽可能地采用了国际航空法律规范，以便中国的民用航空法律制度与国际通行的规则接轨。

（3）确保民用航空活动安全有序进行的原则。航空运输工具速度快、风险大、技术要求高，因而《民用航空法》强化了安全管理规范，将安全管理置于民用航空行政管理的首位。

（4）与国家其他法律相互衔接、协调、配套的原则。《民用航空法》是一部规范民用航空活动的重要法律，原则上协调了民用航空与军用航空的关系，是中国航空法律体系（子系统）的核心部分，又是整个国家社会主义法律体系（母系统）的组成部分，因而在国家其他法律中有明确规定的，《民用航空法》不再重复规定，而应援引这些法律规定。《民用航空法》对有些事项只作了原则规定，而明确授权国务院和中央军事委员会作出具体规定，并授权国务院民用航空主管部门根据法律和国务院的决定，在本部门的权限内，发布有关民用航空活动的规定、决定，从而使我国航空法律体系形成法律、行政法规和规章三个层次，组成相互衔接、协调配套的统一有机整体。

（三）立法意义

《中华人民共和国民用航空法》是新中国第一部全面规范民用航空活动的法律，是我国民航发展历史的重要里程碑。实施《民用航空法》，推行"依法治理民航"战略，大力加强民航法制建设，促进了我国民航事业在新时期持续、快速、健康地发展。

四、我国民航法的修改与完善

《中华人民共和国民用航空法》颁布实施以来，国务院和民航局制定颁布了一大批与民航法相配套的行政法规、规章，形成了相对完善的法律体系。

（一）法律体系

《中华人民共和国民用航空法》属于国家法律，是制定民用航空法规和规章的依据。

（二）行政法规

属于中国民用航空法规体系第二层次的是行政法规，共 27 部，包括《中华人民共和国民用航空器适航管理条例》和《中华人民共和国民用航空器国籍登记条例》等。

（三）中国民用航空规章

中国民用航空规章（CCAR）是依据法律和行政法规制定的，用于规范行政程序规则，包括航空器、航空人员、空域、导航设施、空中交通管理和一般运行规则，民用航空企业合格审定及运行，学校，非航空人员及其他单位的合格审定及运行，民用机场建设及管理等十几个法律方面的文件。

中国民用航空规章按照部别分类标示为"中国民用航空规章第×部"，英文代码为"CCAR-×"。共 15 编，400 部，主要涉及三个方面的内容：

（1）涉及适航审定的规章（如《运输类飞机适航标准》CCAR-25 部）；

（2）涉及适航维修的规章（如《民用航空器维修培训机构合格审定规定》CCAR-147 部）；

（3）涉及运行管理的规章（如《大型飞机公共航空运输承运人运行合格审定规则》CCAR-121 部）。

除法律、法规和规章外，规范性文件在民航管理工作中也起到了重要的作用。规范性文件是中国民用航空局各职能部门为了落实法律、法规、民航局规章和政策的有关规定，在其职责范围内制定，经民航局局长授权，由职能部门负责人签署下发的有关民用航空管理方面的文件。规范性文件不属于法律范畴，但必须遵守法律、法规和民航局规章的规定，不得与之相冲突。规范性文件类型主要包括：管理程序（AP）、咨询通告（AC）、管理文件（MD）、工作手册（MW）、信息通告（IB）。

随着中国民用航空业的飞速发展，我国航空立法也与时俱进，不断进行了修改和完善，这对于我国民航业的发展和管理具有十分重要的意义。

┃┃ **课堂互动** ┃┃

烧脑大 PK

一、内容：

1.《中华人民共和国民用航空法》何时制定的？

2.《中华人民共和国民用航空法》共几章多少条？

3. 我国民航法的基本框架为哪几个方面？

4. 我国民用航空规章共有多少部？

5. 我国民用航空规范性文件有哪些？

二、方法和步骤：

1. 以小组为单位，看书记忆，进行抢答；

2. 每组只能选一名代表抢答；

3. 用时最短且正确率高者优胜；

三、老师宣布加分并点评。

思考与练习

简述我国民航法的发展历史及基本框架。

章末小结

民用航空法是规范民用航空活动中所产生的各种社会关系的法律规范的综合。随着民用航空活动对社会生活和社会经济发展的巨大影响，了解和掌握民用航空法律法规，对于即将从事和已经从事民用航空事业的工作者来说，尤为重要。因此，本章主要讲述了民用航空法的含义、民用航空法的调整对象、民用航空法的特征、民用航空法的渊源、民用航空法的发展历史以及我国民用航空立法等主要内容，同时也对国际民用航空组织的基本架构和职能进行了简单的介绍，意在梳理学习民航法的基本思路，使大家对民用航空法的相关知识有一个基本的了解，从而为进一步学习民航法的具体知识打下坚实的基础。

第二章　领空主权与航权

📚 **学习目标**

1. 了解领空与领土主权的相关内容。
2. 了解五种空中自由说的内容。
3. 掌握领空主权的概念。
4. 掌握五种航空自由说的内容。

📚 **关键词**

空气空间；领空主权；航空自由或权力

📚 **知识框架**

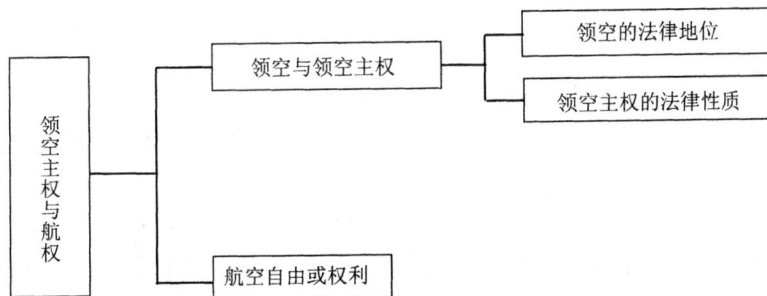

✈ **任务导航**

大韩航空 007 号班机遭击落事件，发生于当地时间 1983 年 9 月 1 日清晨（UTC 时间为 8 月 31 日傍晚），大韩航空 007 号班机进入苏联领空，遭苏联空军苏-15 拦截机击落于库页岛西南方的公海。

班机机型为波音 747-230B，机身注册编号 HL7442，是波音公司制造的第 186 架 747，1972 年 3 月出厂并交付给德国神鹰航空，1979 年 2 月转予大韩航空，使用普惠 JT9D-7A 引擎。事发班机的机组人员为机长千炳寅、副机长孙东辉、飞航工程师金义东。8 月 31 日，从美国纽约肯尼迪国际机场起飞，中停阿拉斯加州安克雷奇加油，预计在 9 月 1 日当地时间 06:00 ［即 21:00（UTC）］降落在韩国汉城（今为"首尔"）的金浦国际机场。

机上搭载 240 名乘客以及 29 名机组人员，包括韩国旅客 72 人、美国旅客 61 人、中国台湾旅客 24 人、日本旅客 22 人、中国香港旅客 9 人、其他国家及地区旅客 51 人。

美国众议员拉里·麦唐诺也搭乘这架班机预定前往汉城参加美韩共同防御条约签订30周年纪念仪式。

飞机起飞后不久，由于机师忘记将自动驾驶仪从起飞时的 HEADING 模式调到 INS模式，导致飞机开始偏航，最终两次进入苏联领空。

由于担心美国利用民航对战略目标进行侦察，苏联远东防空部队派出一架正在值班的苏-15战斗机前往拦截。战斗机飞行员向007班机多次发出警告但均没有达到拦截目的，根据上级的命令发射了两枚空对空导弹，大韩007号班机被击中，坠毁于库页岛西南方的公海，269人遇难。

导航思考

1. 苏联空军的做法是否正确？
2. 大韩航空007号班机是否触犯法律？

第一节　领空与领空主权

一、领空与领空主权概述

（一）领空概念

领空（Territorial Airspace）是指隶属于国家主权的国家的领陆和领水之上的空气空间。

领空范围的确定应当分别从横向和纵向的角度来考虑。所谓横向的角度，即领空在国家之间以及国家与非国家主权管辖地区（如南极大陆）之间划分；而纵向的角度，则是指领空所及的高度的确定。

1. 从横向的角度划分领空

国家之间领空范围的确定方法，是以地球中心为顶点，由与国家在地球表面的领陆和领水的边界线相垂直的直线所包围的圆锥形立体空间。这一划分方法为世人所公认。

根据国际法的规定，空域可分为国家领空和国际空域。其中，国家领空是指一个国家的陆地、内水、群岛水域和领海上的领空；国际空域是指毗邻区、专属经济区、公海和不属于任何国家主权管辖范围内土地（如南极洲大陆）上的空域。一个国家对其领空可行使唯一、完全的主权。在国际航行规则中，希望进入主权国领空的飞机必须表明其国籍和意图，以求得到同意过境飞行或着陆，并且必须服从相关的飞行规定，否则将有可能被视为"入侵"。

目前，与领空安全相关的最重要文件是1944年签署的《国际民用航空公约》。根据国际法和《国际民用航空公约》的规定，一国的军用飞机只有在公海上飞行的自由，在事先未经过专门授权或允许的情况下，不能飞越另一个国家的领空。

2. 从纵向的角度划分领空

早期各国都没有考虑领空的上限问题,只是笼统地坚持领空主权论,认为领空不容他国侵犯。实际上,领空是否被侵犯,有时就是连被侵犯的国家也不知道。例如,1992年9月,美国两架飞机未经安提瓜和巴布达政府的允许,在其20000米上空为加勒比地区救灾项目执行摄影任务。限于技术问题,安提瓜和巴布达政府根本不知道,当然也没有任何表示。直到飞机因恶劣天气而跌到200米的高度,地面听到飞机的响声,安提瓜和巴布达政府才向美国提起抗议。

随着人造卫星上天,人类的踪迹已进入外层空间的范围,外层空间的法律制度也逐步形成。如果按照古罗马法"谁拥有土地就拥有土地的无限上空"的原则,则国家主权应及于外层空间。然而,一方面由于航天活动本身与航空活动不同;另一方面,从事航天活动所使用的空间与航空活动所使用的空间在性质上和空间位置上不同,使得绝大多数国家和国际法学家意识到,国家对其领空享有的主权不可能达到无限的高度。那么,空气空间和外层空间的界限应如何确定呢?在理论上主要有以下主张。

1)空间论

这种观点从自然科学的角度出发,利用物理概念或物理性质来确定空间的某种高度,并将其作为划分空气空间和外层空间界限的标准。持该主张的人们认为空气空间的高度应硬性地给予高度值的规定,低于该高度值的空间为空气空间,高于该高度值的空间为外层空间。然而,由于各国确定高度值的客观科学标准众多,不能取得一致。

总之,空间论的问题在于确定空气空间上限的科学依据种类繁多,而每种观点都不无道理,因此若要在高度值上确定空气空间的高度,各国很难达成共识。

2)功能论

功能论认为应当根据航空器的功能来确定其所适用的法律,以人类活动的性质作为决定法律地位的标准。这种观点仍然支持空气空间与外层空间的分界,只是"功能论"并不要求必须划出一条明显的边界,而是强调国家在外层空间活动的特点及其目的,根据地面国对其活动所能容忍的程度为条件,建议为不同类活动建立不同的边界。如果是以航空器所作的活动,那么应属于空气空间的范畴,应适用航空法;如果是以航天器所作的活动,应属于外层空间的范畴,则应适用外层空间法。整个空间是一个整体,没有划分为两部分的必要。

3)不主张定界

这种观点对"空间论"和"功能论"都存在异议,认为既然承认了空气空间之外的外层空间的存在,就说明领土上空的国家主权是有限制的,因此也没有必要划定界限了。持该观点的人将空气空间与外层空间的划界问题与海洋法的发展历史相对比,认为海洋法中对于领海宽度的确定曾经久而未决,而现在外层空间法尚处于萌芽时期,目前各国欲就空气空间与外层空间的界限达成协议未免为时过早。况且,领海宽度没有确定之前,不曾阻碍海洋法的发展,空气空间与外层空间界限未能划分,也不至于阻碍外层空间法的发展。事实上,到目前为止,缺乏确定的边界既没有造成任何特殊困难,也没有阻碍外层空间原则和规则的形成和发展。

（二）领空主权的内涵

1944年《国际民用航空公约》第一条规定："缔约各国承认每一国家对其领土之上的空气空间具有完全的和排他的主权。""领空主权"通过公约的形式被确定下来，并且为各签署国所接受。领空主权的内涵包括三点：（1）明确宣告了领空主权原则；（2）领空主权原则不仅是国际条约中的规则，而且是国际习惯法的规则，因此国家普遍享有领空主权，不因是否签署公约而改变；（3）领空主权是"完全的"和"排他的"。

这种完全和排他的主权表现在以下四个方面。

1. 领空主权是自保权

自保权是指国家保卫自己的生存和独立的权利。它包括两方面的内容：一是指国家有权使用自己的一切力量，进行国防建设，防备可能来自外国的侵犯；二是指当国家遭到外国的武力攻击时，有权行使单独或集体的自卫。因此，在一国的领空范围内，该国有权禁止他国航空器进入，并有权对外来的侵害实施防御和自卫活动。

2. 领空主权是管辖权

国家的管辖权主要有两种。一是国家对其领域内的一切人（享受豁免权者除外）和物以及所发生的事件有权按照本国的法律行使管辖，即国家拥有属地管辖权。二是国家有权对一切具有本国国籍的人实行管辖，不论其是否居住在国内，这种管辖也称为属人管辖。领空主权在管辖权方面主要是属地管辖权，一国有权对该国领空内的航空器、人员和事件行使管辖权。

3. 领空主权是管理权

管理权是指依据国家主权原则和保护性、普遍性管辖的原则，国家享有对本国领土范围内的和本国的位于国外的自然人、法人、其他组织和财产进行管理的权力。

在领空方面也是如此，国家有权制定航空法律以及涉及领空的海关财政、移民和卫生的法律规章，要求外国的航空器在飞经或飞入该国领空时应当遵守这些规定。如果不遵守，该国有权对外国航空器采取必要措施。但是各国在制定法律和规章时应当注意与国际技术标准和规范相一致，便于航空业务的顺利进行。同时也要注意，不能实行歧视性的差别待遇。

4. 领空主权是支配权

支配权是财产所有人的一种控制、拥有其财产的权利，这是民法中的概念。上升到公法的层次，则国家对领空拥有支配权，并且可以通过立法实施对领空的支配权。

二、领空主权的法律性质

（一）1944年《芝加哥公约》对领空主权的规定

1944年《芝加哥公约》所确立的领空主权原则主要体现在以下几个方面。

1. 飞入或飞经他国领空的规则

《芝加哥公约》第三条第一款规定："本公约仅适用于民用航空器，不适用于国家航空器。"但是《芝加哥公约》又同时对民用航空器和国家航空器的飞入或飞经他国领空的情况作了规定。

对于国家航空器，《芝加哥公约》第三条第三款规定："一缔约国的国家航空器，未经特别协定或其他方式的许可并遵照其中的规定，不得在另一缔约国领土上空飞行或在此领土上降落。"可见《芝加哥公约》对国家航空器的限制是明确且严格的。而在民用航空器方面，《芝加哥公约》将民用航空器分为不定期航班和定期航班。

1）不定期航班

是指不公布班期、运价，不受定期航班运价的约束，按照不定期飞行合同，向始发国、目的地国申请许可后个别经营，不对公众开放使用，不对公众承担义务，为某一专门目的或带有一定季节性的点与点之间的飞行。对于不定期航班，《芝加哥公约》第五条规定："缔约各国同意其他缔约国的一切不从事定期国际航班飞行的航空器，在遵守本公约规定的条件下，不需要事先获准，有权飞入或飞经其领土而不降停，或做非商业性降停，但飞经国有权使其降落。为了飞行安全，当航空器所欲飞经的地区不得进入或缺乏适当航行设施时，缔约各国保留令其遵循规定航路或获得特准后方许飞行的权利。此项航空器如为取酬或出租而载运乘客、货物、邮件但非从事定期国际航班飞行，在遵守第七条规定（第七条规定为国内载运权）的情况下，亦有上下乘客、货物或邮件的特权，但上下的地点所在国家有权规定其认为需要的规章、条件或限制。"

从《芝加哥公约》的规定来看，不定期航班没有完全遵循国家主权原则。概括来讲，不定期航班享有三项权利：①飞入或飞经他国领土而不降停的权利；②在他国领土做非运输业务性降停的权利，所谓"非运输业务性降停"是指其目的不在于装卸客、货、邮的降停，也称为航空技术性降停，如以加油或检修为目的的降停；③在不影响他国国内载运权并遵守有关国家规章制度的条件下，在他国领土内享有装卸客、货、邮的权利即航空运输权。

但是，不定期航班在行使上述权利时，也受到被飞入或飞经国家的限制。在以下三种情况下，被飞越国可以令其遵循规定航路或获得特准后方可起飞：①为了飞行安全；②航空器欲飞入限制飞行或禁止飞行的地区；③欲飞入缺乏适当的航行设施的地区。

2）定期航班

芝加哥会议并没有对定期航班作明确的界定，直到1952年国际民用航空组织理事会第10届19次会议上才通过一个定义。它规定，航班飞行是指具备下列全部特征的一系列航班飞行：①飞经一个以上国家领土的空域；②用航空器进行取酬性的旅客、货物或邮件运输，每次飞行都对公众开放使用；③经营同样两个地点或两个以上地点之间的运输业务，或者按照公布的班期时刻表飞行，又或者它所从事的飞行是如此有规律或如此频繁，而构成公认的有组织的系列飞行。

与不定期航班相比，《芝加哥公约》并未赋予定期航班任何权利，反而加以限制。《芝加哥公约》第六条规定："除非经一缔约国特准或其他许可并遵照此项特准或许可的条件，任何定期国际航班不得在该国领土上空飞行或进入该国领土。"可见，《芝加哥公约》对定期航班的要求更为苛刻，从事定期航班的航空器，无论是行使过境权还是运输权都需要有关国家的事先同意或许可。

3）关于定期国际航班自由权利适用的问题

为了平衡美国对"航空自由"的要求与英国的"航空秩序"主张之间的矛盾，也为了照顾某些国家对航空自由的需求，并综合战后发展国际航空运输的现实情况，芝加哥会议另外拟定了两个文件，即《国际航空运输协定》（简称"五大自由协定"）和《国际航班过境协定》（简称"两大自由协定"）。有关这两个协定的签署，以及该两协定参加国相互给予对方定期国际航班的五种航权和两大过境自由，将在本书第七章第三节详细论述。

我国未参加上述两项协定，我国给予外国国际航班的飞行权利是通过我国与这些国家政府签订的双边航空协定来具体规定的。

2. 关于国内载运权规则

《芝加哥公约》第七条"国内载运权"规定："缔约各国有权拒绝准许其他缔约国的航空器为取酬或出租在其领土内载运乘客、邮件和货物前往其领土内另一地点。缔约各国承允不缔结任何协议在排他的基础上特准任何其他国家的空运企业享有任何此项特权，也不向任何其他国家取得任何此项排他的特权。"该规定将本国领土内的两点之间的航空运营权保留给本国，体现了尊重国家主权的原则。

"国内载运权"主要来源于海洋法的概念，是指把一国同一个海岸线上的两个港口之间的运输保留给该国轮船公司经营。有些国家如美国和葡萄牙，将国内载运权的概念扩大到适用于该国不同海岸线两个港口之间的运载。但是这一概念并未被广泛接受。

航空法的国内载运权与海洋法中的概念有所不同，它是将一国领土范围之内的任意两点之间的航空营运权都保留给该国的空运企业。此外，海洋法上的国内载运权，主要是为了保护本国的航海运输事业而限制外国营运的一种禁止性规定，是国内法的一部分。如果国内法并不禁止外国从事这种权利，那么该外国就可以从事这项权利了。而《芝加哥公约》第七条规定恰好相反，虽然它是一种平等的授权性规定，但是由于该公约的缔约国必须"承允"禁止外国航空器行使国内载运权，除非该国非"排他"地开放国内载运权。也就是说，如果准许某一国使用，那么其他国家都可以要求使用该权利。这种例外是不可能的，因为没有国家愿意将国内载运权向其他所有的国家开放。所以，实际上，《芝加哥公约》第七条规定是一条禁止性规定，看似平等地规范了各国，其实却是阻碍了国际民用航空事业的发展。因为在现实生活中，并非每一国家都有能力去独立地发展本国的航运事业。

3. 保护本国安全的规则

根据主权原则，《芝加哥公约》对各国为保护本国安全作了相应的规定，其中最主要的是有关禁区的内容。《芝加哥公约》第九条"禁区"规定：（1）缔约各国由于军事需要或公共安全的理由，可以一律限制或禁止其他国家的航空器在其领土内的某些地区上空飞行，但对该领土所属国从事定期国际航班飞行的航空器和其他缔约国从事同样飞行的航空器，在这一点上不得有所区别。此种禁区的范围和位置应当合理，以免空中航行受到不必要的阻碍。一缔约国领土内此种禁区的说明及其随后的任何变更，应尽速通知其他各缔约国及国际民用航空组织。（2）在非常情况下，或在紧急时期内，或为了公共安全，缔约各国也保留暂时限制或禁止航空器在其全部或部分领土上空飞行的权利并立即生效，但此种限制或禁止应不分国籍适用于所有其他国家的航空器。（3）缔约各国可以依照其制定的规章，令进入上述第一款或第二款所指定地区的任何航空器尽速在其领土内一指定的机场降落。

上述条款给予被飞经或飞越国极大的解释权。例如，第一款关于禁区划定的问题，各国对禁区加以任意划定，并造成各国禁止比例不统一。而第二款规定缔约国可以限制航空器在其全部领土上空的飞行，比禁区还要宽泛，这也为各国实施各种特定措施提供了法律依据或借口。因此，上述条款的弹性太大，必然会影响国际民航经济的有效发展。

除了禁区的相关规定，《芝加哥公约》中其他用于保护本国航空安全的规则如下。

（1）第八条规定："任何无人驾驶而能飞行的航空器，未经一缔约国特许并遵照此项特许的条件，不得无人驾驶而在该国领土上空飞行。缔约各国承允对此项无人驾驶的航空器在向民用航空器开放的地区内的飞行加以管制，以免危及民用航空器。"

（2）第三十五条规定了对航空器运输的货物的限制。"①从事国际航行的航空器，非经一国许可，在该国领土内或在该国领土上空时不得载运军火或作战物资，至于本条所指军火或作战物资的含意，各国应以规章自行确定，但为求得统一起见，应适当考虑国际民用航空组织随时所作的建议。②缔约各国为了公共程序和安全，除第一款所列物品外，保留管制或禁止在其领土内或领土上空载运其他物品的权利。但在这方面，对从事国际航行的本国航空器和从事同样航行的其他国家的航空器，不得有所区别，也不得对在航空器上为航空器操作或航行所必要的或为机组成员或乘客的安全而必须携带和使用的器械加任何限制。"

（3）第十六条规定："缔约各国的有关当局有权对其他缔约国的航空器在降停或飞离时进行检查，并查验本公约规定的证件和其他文件，但应避免不合理的延误。"

（4）还有照相机的使用限制，第三十六条规定："缔约各国可以禁止或管制在其领土上空的航空器内使用照相机。"然而随着卫星遥感技术的发展，这一规定已经失去了当初设想的作用。

4. 遵守当地法律的规则

根据属地管辖的原则，外国航空器飞入本国境内时，理应遵守本国的法律法规。这也是尊重领空主权的表现。《芝加哥公约》中有关遵守当地法律的规定主要有第十一条："在遵守本公约各规定的条件下，一缔约国关于从事国际航行的航空器进入或离开其领土或关于此种航空器在其领土内操作或航行的法律和规章，应不分国籍，适用于所有缔约国的航空器，此种航空器在进入或离开该国领土或在其领土内时，都应该遵守此项法律和规章。"一方面，要求外国航空器在飞经或飞越本国时，应当遵守当地国的法律法规；另一方面，也要求当地国的法律法规不得有歧视性条款，平等地适用于所有外国航空器。

同时，外国航空器还应当依据当地国的规章，在设关机场降落，受当地国的入境、放行、移民、海关及检疫等的规章的管辖。

5. 其他体现领空主权的规则

《芝加哥公约》中还有许多其他条款体现了领空主权原则，列举如下。

第十四条"防止疾病传播"规定："缔约各国同意采取有效措施防止经由空中航行传播霍乱、斑疹伤寒（流行性）、天花、黄热病、鼠疫，以及缔约各国随时确定的其他传染病。"

第二十五条"航空器遇险"规定："缔约各国承允对在其领土内遇险的航空器，在其认为可行的情况下，采取援助措施，并在本国当局管制下准许该航空器所有人或该航空器登记国的当局采取情况所需的援助措施。"

第二十六条"事故调查"规定："一缔约国的航空器如在另一缔约国的领土内发生事故，致有死亡或严重伤害或表明航空器或航行设施有重大技术缺陷时，事故所在地国家应在该国法律许可的范围内，依照国际民用航空器组织建议的程序，着手调查事故情形。……而主持调查的国家，应将关于此事的报告及调查结果，通知航空器登记国。"

可见，不论是航空器援救还是事故调查，都是以当地国为主导，并在当地国的"当局管制下"和"法律许可的范围内"进行，这充分尊重了当地国领土主权。

（二）外国航空器的"无害通过权"问题

1. 《巴黎公约》中的"无害通过权"

1919 年各国签署的《巴黎空中航行管理公约》（Convention for the Regulation of Aerial Navigation），简称 1919 年《巴黎公约》，首先以公约的形式确立了领空主权原则，但同时又规定缔约国承允对民用航空器在和平时期相互给予无害通过的自由。其第二条第一款规定："每一缔约国承允，只要本公约规定的条件得以遵守，在和平时期给予其他缔约国的航空器无害通过其领土上空的自由。"某些人依据这一规定，认为《巴黎公约》确立了民用航空领域中的无害通过制度。应当注意，这种所谓的"无害通过"在"本公约规定的条件得以遵守"的情况下才可能实现。这些限制条件包括：公约第三条第一款规定各缔约国有权为"军事需要和公共安全"设定禁止外国航空器飞越的区域；第三条第四款规定各缔约国在和平时期的"特别情况下"，可以临时限制或禁止外国航空器飞越其全部或某一部分领土；第十五条第三款规定外国航空器飞越本国领空时，若本国法律有要求，则该外国航空器必须在本国指定的机场降落；第三十二条和第三十三条规定，军用航空器以及警察和海关航空器不适用"无害通过"的规定……

可见，《巴黎公约》中的"无害通过"并未作出明确的定义，并且对"无害通过权"的限制条件过于原则化，譬如"军事需要""公共安全""特别情况"等用词的概念界限不甚明了，给各国以极大的任意性。因此，这种"无害通过"与海洋法中的无害通过权相距甚远。

2.《芝加哥公约》是否承认无害通过权

《芝加哥公约》继承了《巴黎公约》确立的领空主权原则，并且抛弃了所谓"无害通过"的规定。但是，《芝加哥公约》第五条并未完全贯彻领空主权的原则，因为根据该条规定，外国从事航班飞行的航空器可以"不需要事先获准，有权飞入或飞经其领土而不降停，或做非商业性降停"。有人认为，这是领空主权原则与美国等航空大国所宣扬的"航空自由"相互妥协的产物。然而，由于本身的缺陷，该条规定注定不能成为现实。一方面，《芝加哥公约》对于定期航班和不定期航班并未提供明确的定义，缺乏可操作性。而且由于《芝加哥公约》订立的当时，不定期航班业务仅占民用航空业务中很小的份额，现在的情况是，不定期航空运输业务的发展已使不定期航班与定期航班的界限越来越模糊。因此，将不定期航班和定期航班分别规定已经过时。另一方面，不定期航班在行使上述权利时，又受到许多限制。例如，航空器在享有上下旅客、货物或邮件的特权时，也应当遵守所在国规定的"规章、条件或限制"；又如，"为了飞行安全，当航空器所欲飞经的地区不得进入或缺乏适当航行设施时，缔约各国保留令其遵循规定航路或获得特准后方许飞行的权利"。这里的"规章、条件或限制"，很容易为各国理解为某种"许可"，而针对"飞行安全""缺乏适当航行设备"等用语含义的任意性，各国完全可以找出各种借口来保留令外国航空器遵循指定航路和特准飞行的权利。因此，与航空自由相反，在实际的飞行活动中，往往需要获得被飞经国的同意。

因此，《芝加哥公约》第五条的规定，不仅争论较多，还不切实际。在国际实践中是根本不可能实现的。

3. 我国对外国航空器"无害通过"的态度

我国于1974年2月15日通知国际民用航空组织，决定承认《芝加哥公约》，并且在通知书中指出，根据《芝加哥公约》第五条和第九条的规定，为了飞行安全和公共安全的利益，外国民用航空器从事非定期航班飞入中国国境，需事先向中国政府申请，在得到答复接受后方能进入，并应遵守关于遵循指定的航线和在指定的机场降落的规定。很明显，我国并不承认外国航空器的"无害通过"或"飞行自由"的权利。

此外，我国其他一些规定也表明了这一态度。如1958年《中华人民共和国关于领海的声明》中宣布："一切外国飞机和军用船舶，未经中华人民共和国政府的许可，不得进入中国的领海和领海的上空。"1992年《中华人民共和国领海和毗连区法》第十二条规定："外国航空器只有根据该国政府与中华人民共和国政府签订的协定、协议，或者经中华人民共和国政府或者其授权的机关批准或者接受，方可进入中华人民共和国领海上空。"1995年《中华人民共和国民用航空法》第一百七十四条第一款规定："外国民用航空器根据其国籍登记国政府与中华人民共和国政府签订的协定、协议的规定，或者经中华人民共和国国务院民用航空主管部门批准或者接受，方可飞入、飞出中华人民共和国领空和在中华人民共和国境内飞行、降落。"

三、领空主权的保护及其限制

1919 年《巴黎公约》确定了领空主权原则，而 1944 年《芝加哥公约》又重申了这一原则。领空主权原则使领空与国家的领陆、领水一样，成为领土不可分割的一部分。因此，其他国家的航空器未经允许，不得私自进入他国的领空范围之内，否则即构成对该国主权的非法侵犯，被侵犯国有权采取必要措施制止该外国航空器的行为。根据领空主权原则，一国对其本国领空主权的内容主要包括以下几个方面。

（1）地面国家对本国领空的资源有完全的、排他的占有和使用的权力，若未得到地面国家许可，外国航空器不得飞经或者飞入。因此，国家基于领空主权对于非法飞入的外国航空器，有权采取措施，目的是维护国家领空安全。

（2）地面国家有权保留其领空内的国内载运权，即一国境内的城市之间的航空运输，这种运输专门保留给本国的航空运输公司。

（3）地面国家有权设立空中禁区，即使地面国允许外国航空器飞入本国领空，但是禁区仍然不允许飞跃。

（4）地面国家有权制定航空法律以及涉及领空的海关财政、移民和卫生的法律规章，要求外国航空器飞经或者是飞入时遵守。如若不遵守，则地面国家有权依据有关法律、法规采取必要措施。

（一）外国航空器的入侵

外国航空器的入侵，是指外国航空器未经本国允许，私自非法进入本国领空的行为。

由于一国的领空是整个领土的一部分，是神圣不可侵犯的空间。外国航空器不经过当地国的允许闯入领空，是藐视他国国家主权的行为，构成对当地国的侵犯。当地国当然有权对该外国航空器采取一切必要措施，制止该不法行为的继续进行。

对军用航空所作出的侵犯他国领空的军事行为，当地国可以采取比较严厉的措施，但是这并不排除一国滥用民用航空器进行非法活动；而民用航空器入侵他国领空也可能由于多种原因，如天气或机械故障导致的迷航，或者由于被劫持而不得不改变航线进入他国领空，或者其他种种原因。因此，对于入侵本国的外国航空器，本国有权在国际法允许的范围之内采取一切必要措施，但是这些措施针对各种不同的入侵情形，其严厉程度应当是适当的。

（二）拦截

拦截是指一国的军用航空器受命对入侵本国领空的外国航空器，或进入一国防空识别区而不报明身份的航空器，或其他违法航空器采取的强制手段，或将此等航空器驱逐出境，或迫令其在该国境内的指定机场降落，予以检查处置的行动。

由于在所有情况下，拦截民用航空器都有潜在的危险，国际民用航空组织理事会在《国际民用航空公约》（也称《芝加哥公约》）附件 2 中制定了一些专门的建议，并督促各国通过适当的规章和管理行动予以执行。

《芝加哥公约》第三分条第一款规定："缔约各国承认，每一国家必须避免对飞行中的民用航空器使用武器，如拦截，必须不危及航空器内人员的生命和航空器的安全。"根据第一款对拦截手段的限制，第二款首先肯定了针对侵入领空的行为，各缔约国有权采取符合国际法的有关规则的任何适当手段。但是每一缔约国应同意"公布其关于拦截民用航空器的现行规定"。

（三）禁止对民用航空器使用武力

由于民用航空器承载着无辜旅客的生命和财产安全，外国民用航空器入侵本国领空时，本国当局应尽量避免对民用航空器使用武力，以免严重死伤事故的发生。

课堂互动

演讲 PK

查阅资料，详细了解"'4·1'中美南海撞机事件是美国侦察机与中国战斗机相撞的重大事件"，并以此为背景进行以小组为单位的演讲 PK。

思考与练习

1. 领空的概念。
2. 领空主权为完全和排他的主权表现在哪几个方面？

第二节 领空管理

一、领空管理

领空管理，又称空域管理。民用航空飞行的航线和区域遍布全国，为了在广阔的空间能够为飞行提供及时、有效的管制服务、飞行情报服务和告警服务，防止飞行器与飞行器或与地面障碍物相撞，保证飞行安全，促使空中交通有秩序地运行，必须使禁区的"范围和位置应当合理，以免空中航行受到不必要的阻碍"。我国的禁区范围由国务院、中央军委批准确定。各国对禁区的设置比较慎重，因此常用醒目的"P"在航图上进行标注。我国《民用航空法》第七十八条规定："民用航空器除按照国家规定经特别批准外，不得飞入禁区。"

（一）暂禁飞行

《芝加哥公约》第九条第二款对暂禁飞行作了规定："在非常情况下，或在紧急时期内，或为了公共安全，缔约各国也保留暂时限制或禁止航空器在其全部或部分领土上空飞行的权利并立即生效，但此种限制或禁止应不分国籍适用于所有其他国家的航空器。"

暂禁飞行与空中禁区有所不同。首先，前者对航空器的限制和约束是暂时性的，而后者没有时限。其次，根据《芝加哥公约》的规定，前者的范围可以是全部领空，而后者是根据国家安全的需要，在特定的、关系到国家利益的重要设施，如核设施、化学武器生产基地、某些敏感区域等上空划定的区域。但是，暂禁飞行和空中禁区对航空器的限制等级一样，都是最高的。

《中华人民共和国飞行基本规则》第十七条规定："未按照国家有关规定经特别批准，任何航空器不得飞入空中禁区和临时空中禁区。"

（二）限制区

限制区（Restricted Area）是指"一个国家陆地领域或领海上空划定范围内，航空器飞行受到某些规定条件限制的空间"。限制区一般位于航路、航线附近的军事要地、兵器试验场上空和航空兵部队、飞行院校等航空单位的机场飞行空域。该区在 VFR、IFR 航图上用"R"字母加以标注。

限制区的约束等级较危险区高，但又不及于禁区。限制区对航空器的飞行并非完全禁止，但是在限制区内常有潜在的飞行冲突，如炮击、对空射击或导弹等等，造成区域内的危险程度已不能仅仅取决于飞行员自身的判别和推测。

因此，限制区的设置关键在于要让有关各方知道，该区何时开始生效，何时将停止，其设置的原因或条件是否还存在。只有经该区域内的管制机构同意，航空器方可进入此区域飞行。一般来说，对这些区域划定的范围都能确保飞行员可避开这些区域而不至发生冲突。

在我国境内某个区域范围内进行军事活动或科学试验活动，将要影响民用航空器安全飞行时，使用这些空域的单位，应当经中国民航局同意，报经国务院、中央军委批准，划定限制区。在时间上或高度上限制民用航空器在该空域内飞行。《民用航空法》第七十八条规定："除遵守规定的限制条件外，不得飞入限制区。"

（三）危险区

危险区（Danger Zone）是指一定范围的空域，该空域内在某些规定的时间内存在着对在我国境内或在毗连我国公海上空进行军事活动或科学试验活动，将要影响民用航空器安全飞行时，由使用这些空域的单位申请，获得中国民航局的同意，报请国务院、中央军委批准，划定危险区。预先警告民用航空器驾驶员在某些规定时间内在此空域飞行将有潜在危险。只有经过使用和管理单位的同意，民用航空器方可进入该空域内飞行。

国际民用航空组织规定，在公海区域，只能建立危险区，因为谁也无权对公海飞行施加更多的限制。一国的危险区被建立在国际水域上空，当该区域建立所依赖的条件不存在时，即行撤销。

二、防空识别区

防空识别区（Air Defence Identification Zone，ADIZ），是指一国在本国的陆地或水域表面向上延伸的划定空域，在该空域内，为了国家安全，要求对航空器能立即识别、定位和管制。

1950 年和 1951 年，美国和加拿大先后建立防空识别区，向大西洋和太平洋延伸几百海里。根据防空识别区制度的设计原理，所有飞临北美洲的航空器在离海岸线很远的地方即被主动识别。为了达到这一目的，法规要求所有航空器在进入该区域以前将自己的身份通过无线电告诉美国或加拿大的航空设施。身份不明的航空器在很远以外就被覆盖整个美洲大陆北部的雷达网络监测到，随即美国或加拿大派遣飞机进行拦截，以保证该身份不明的航空器是为了友好的目的飞临美洲大陆。

对于防空识别区制度所赖以存在的合法性基础，学界是有争论的。一方认为，一国单方面将领空主权延伸至非领土上穿的区域，与国际法是不符的。另一方则认为，防空识别区制度与海洋法中的毗连区制度类似，是国家行使自卫权和自我保护权的体现。

因而，对于防空识别区制度应当全面来看。一方面，"防空识别区"与"领空"是两个完全不同的概念。建立防空识别区并不认为是地面国领空范围的扩大，也不是领空主权的延伸，而是让外国航空器在进入一国领空之前被有效识别，以便地面国识别、定位和管制，有利于保证国家安全。但是另一方面，有关防空识别区的划定问题，在美国和加拿大的实践中并未引起异议，这是因为许多国家的航空公司对该防空识别区的存在表示默认，已经构成对国家政策的某种程度上的承认。但是这并不排除某些别有用心的国家利用防空识别区制度单方面划定防空识别区，侵犯邻近国的领空主权。只有充分考虑这两方面，防空识别区才能发挥其应有的作用。

三、入境和放行

国家制定和实施入境和放行的法律规章，是一国行使领土主权的重要表现，同时也是维护国家安全和社会秩序的重要保证。对入境和放行进行有效的管理，有利于出入境人员和交通工具的通行，保障一国公民出入国境的正当权利和利益，促进国际交往。对于航空法来说，入境和放行的内容包括航空器出入境，旅客、机组、货物的出入境的有关规定。

（一）《芝加哥公约》的有关规定

《芝加哥公约》的规定中贯穿着国家领空主权的原则，对国家主权进行了充分的保护和尊重。入境和放行的管理作为国家主权的重要内容，在《芝加哥公约》中也有其体现，列举如下。

第十一条规定："在遵守本公约各规定的条件下，一缔约国关于从事国际航行的航空器进入或离开其领土或关于此种航空器在其领土内操作或航行的法律和规章，应不分国籍，适用于所有缔约国的航空器，此种航空器在进入或离开该国领土或在其领土内时，都应该遵守此项法律和规章。"

第十三条规定："一缔约国关于航空器的乘客、机组或货物进入或离开其领土的法律和规章，如关于入境、放行、移民、护照、海关及检疫的规章，应由此种乘客、机组或货物在进入、离开或在该国领土内时遵照执行或由其代表遵照执行。缔约各国所参加的有关此事的任何现行国际公约都适用。"

此外，第十六条规定："缔约各国的有关当局有权对其他缔约国的航空器在降停或飞离时进行检查，并查验本公约规定的证件和其他文件，但应避免不合理的延误。"

（二）我国航空法的有关规定

1. 有关航空器入境和放行的规定

《中华人民共和国民用航空法》第八十一条规定："航空器未经批准不得飞出中华人民共和国领空。对未经批准正在飞离中华人民共和国领空的民用航空器，有关部门有权根据具体情况采取必要措施，予以制止。"第一百七十四条规定："外国民用航空器根据其国籍登记国政府与中华人民共和国政府签订的协定、协议的规定，或者经中华人民共和国国务院民用航空主管部门批准或者接受，方可飞入、飞出中华人民共和国领空和在中华人民共和国境内飞行、降落。""对不符合前款规定，擅自飞入、飞出中华人民共和国领空的外国民用航空器，中华人民共和国有关机关有权采取必要措施，令其在指定的机场降落；对虽然符合前款规定，但是有合理的根据认为需要对其进行检查的，有关机关有权令其在指定的机场降落。"第一百七十五条规定："外国民用航空器飞入中华人民共和国领空，其经营人应当提供有关证明书，证明其已经投保地面第三人责任险或者已经取得响应的责任担保；其经营人未提供有关证明书的，中华人民共和国国务院民用航空主管部门有权拒绝其飞入中华人民共和国领空。"

2. 有关旅客、机组、货物的入境和放行的规定

《中华人民共和国民用航空法》第一百零三条规定："航空运输企业从事国际航空运输的民用航空器及其所载人员、行李、货物应当接受边防、海关、检疫等主管部门的检查；但是，检查时应当避免不必要的延误。"

第一百七十九条规定："外国民用航空器应当在中华人民共和国国务院民用航空主管部门指定的设关机场起飞或者降落。"第一百八十条规定："中华人民共和国国务院民用航空主管部门和其他主管机关，有权在外国民用航空器降落或者飞出时查验本法第九十条规定的文件。""外国民用航空器及其所载人员、行李、货物，应当接受中华人民共和国有关主管机关依法实施的入境出境、海关、检疫等检查。""实施前两款规定的查验、检查，应当避免不必要的延误。"

可见，我国对民用航空的入境和放行制度比较重视，并且还颁布了一系列法律、法规和规章，如《中华人民共和国公民出境入境管理法》《中华人民共和国公民出境入境边防检查条例》《中华人民共和国外国人入境出境管理法》等等，规范中国公民和外国

人的出境入境活动，促进了国际交往，并使之朝着健康、有序的方向发展。

课堂互动

举例说明领空管理的几个方面，进行小组 PK，每举一个例子加一分，取得分数最多组获胜。

思考与练习

领空管理主要分为几个方面？都有哪些？

第三节　五种航空自由权

芝加哥会议期间，为建立战后民航运输的国际合作机制，加拿大代表把一国民用飞机飞入和飞经外国的经营权利，细分为四种，称作四种"航空自由"，后经美国代表补充，形成了所谓五种"航空自由"的说法。

一、第一航权：领空飞越权

领空飞越权指在不着陆的情况下，容许本国航空器在协议国领空上飞过，前往目的地国。如未签订第一航权，则该国航空器必须绕道飞行，飞行时间与成本相对提高。举例来说，中国国际航空公司往来于北京和洛杉矶的飞机可穿越日本之领空。冷战结束以后，第一航权几乎已是共用航权。尽管如此，大多数的国家仍要求在穿越领空前必须先行通知，甚至需要付费

1983 年 9 月 1 日大韩航空 007 号班机因偏航进入苏联领空，因而遭到苏联军机击落，可以视为因违反领空飞越权而遭到误击的一个不幸例子。

二、第二航权：技术经停权

技术经停权也称技术降落权，指本国航空器可以因技术需要（如添加燃料、飞机故障或气象原因备降）在协议国降落、经停，但不得做任何业务性工作，如上下乘客、货物或邮件。

航空公司飞远程航线时，由于距离太远无法从始发地直接飞到目的地，需要选择一个地方中途加油或者清洁客舱等，那么在这个地方的起降就叫作技术经停。技术经停权，仅允许用于做非商业的技术处理，也就是不允许在当地上下客货。

最有名的第二航权的例子是爱尔兰香农机场，迄至 20 世纪 60 年代一直是来往北大西洋的飞机中途加油的机场。同样至 20 世纪 80 年代，为了绕过苏联，美国阿拉斯加州安克雷奇国际机场向来是来往美洲与东亚国家之间航线的中停点，如大韩航空 007 号班机空难，原定从纽约出发，经安克雷奇中途加油后返回汉城，但因导航系统异常而误闯

苏联库页岛空域遭击坠。

在波音747、空中客车A340、MD-11等越洋航线班机问世前，飞越太平洋的飞机如波音707、DC-8、DC-10、L-1011等旧型机种通常经过安克雷奇或檀香山做中途加油。

一般而言，由于飞机续航力提高、各国逐渐开放天空及航线的调整，当今之第二航权大多由航空货运飞机行使，客运飞机除了以飞越权直飞外，已逐渐以第五航权取代使用此航权。

三、第三航权：目的地下客权

指本国之航空器可在协议国之国土，进行业务性卸载乘客、货物和邮件，但不能装载乘客或货物。例如，北京—东京，如获得第三航权，中国民航飞机承运的旅客、货物可在东京进港，但只能空机返回。

四、第四航权：目的地上客权

指本国之航空器可在协议国之国土，进行业务性装载乘客、货物和邮件，但不能卸载乘客或货物。例如，北京—东京，如获得第四航权，中国民航飞机能载运旅客、邮件或货物搭乘原机返回北京。

第三、四种航权是一对"孪生兄弟"。航空公司要飞国际航线，就是要进行国际客、货运输，将本国的客货运到其他国家，将其他国家的客货运到本国，这种最基本的商业活动权利就是第三、四航权。

五、第五航权：中间点权或延远权

指容许本国航机在前往乙国时，先以甲国作为中转站上落客货，再前往乙国。亦可在乙国上落客货再返回甲国，航机最终以本国为终点站。基本上，第五航权允许一国之航空公司在其登记国以外的两国间载运客货，但其航班的起点必须为飞机之登记国。换言之，第五航权是指一个国家，容许外国的航空公司接载乘客及货物前往另一个国家。该航班的出发地必须为该外国航空公司的所属国家。

例如，达美航空拥有日本授予的第五航权，就可以使航班从美国出发，然后经停东京进行上下客及货物，再继续前往东南亚各地。不过使用此航权需要先获得目的地的第三与第四航权。

此外，国泰航空经营的香港—台北—日韩航线，是第五航权的运用，国泰客机可在台湾中途载客并补充油料；即使是香港直飞日韩的飞机，通常会经过台湾上空，也有利用台湾方面授予的第一航权（领空飞越权）。部分香港与东南亚的航空公司，若要飞往美加地区的话，有时会中途停靠台北、东京、大阪或名古屋，再飞越太平洋到美加地区。

其他的例子包括长荣航空的台北—曼谷—阿姆斯特丹（泰国业者未营运曼谷出发班次，且台湾业者也可在曼谷重新载客，但从台北出发的乘客皆为原机原客前往目的地）以及中华航空的台北—大阪—纽约等班次。

第五航权之所以复杂，就是因为它涉及多个双边协定，并且在不同的协定中意味着不同种类的航权。第五航权的开放意味着外航不仅要分享对飞国之间的市场，同时还要分享中国到第三国的市场资源。在 1944 年芝加哥会议上形成的《国际航班过境协定》（International Air Services Transit Agreement）规定了前两项航空自由，俗称为"两大自由协定"。到 2007 年 7 月，缔约国从 1994 年的 99 个增加到了 125 个。因此，如果两国都是《国际航班过境协定》缔约国，就可以不再把第一和第二种自由订入双边航空协定。与《国际航班过境协定》同时形成的《国际航空运输协定》（International Air Transport Agreement）包括上述五项航空自由，俗称为"五大自由协定"。《国际航空运输协定》意在建立航权交换的多边机制，但是由于批准国家数量极少，实际上该协定名存实亡。但是该协定中对航权的五种分类和表达方式，之后被广泛地使用在大量的双边航空协定文件中。

‖ 课堂互动 ‖

每组通过抽签的形式选出一种航空自由权，以话剧的形式表现出来，进行 PK。根据现场表现酌情给分，分数最多的小组获胜。

‖ 思考与练习 ‖

五种航空自由权分别是什么？

章末小结

随着民用航空活动对社会生活和社会经济发展的巨大影响，了解和掌握领空主权，对于即将从事和已经从事民用航空事业的工作者来说，尤为重要。因此，本章主要讲述了空气空间的法律地位；领空主权概念及领空主权保护的权利与限制；领空管理制度及国际空中航行的法律制度，使大家对领空主权的相关知识有一个基本的了解，从而为进一步学习民航法的具体知识打下坚实的基础。

第三章　民用航空器的法律制度

学习目标

1. 了解民用航空器的含义以及民用航空器权利登记的基本内容。
2. 了解民用航空器适航管理的目的及特征。
3. 掌握航空器的国籍标志和登记标志。
4. 能够运用航空器权利的概念分析实例。

关键词

民用航空器；航空器国籍；航空器权利登记；适航管理

知识框架

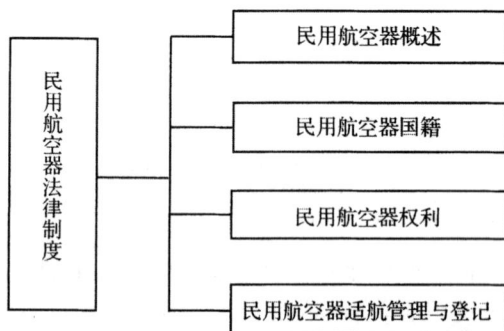

任务导航

1961 年夏，英国某航空公司租用一架不带机组飞机，在从美国飞往法国诺曼底途中，机上的外国旅客间发生犯罪行为。当英国法院受理此案时才发现，该飞机的经营人和机组人员虽然都是英国人，而飞机本身却是在黎巴嫩登记的，具有黎巴嫩国籍。按照英国法律，英国法院无权审理，需将案件移交给黎巴嫩法院。这需要将案件的全部证明资料及证人转移到黎巴嫩，而按双边司法协助条款，手续繁杂又耗时费钱。因黎巴嫩与此案毫无牵连，该国法院没有兴趣受理，成为一大负担。

导航思考

1. 在航空运输中，航空器还要有国籍吗？
2. 在国际航空运输中，飞机上发生的犯罪行为由谁来受理？

第一节　民用航空器概述

一、航空器的定义

航空器在现代生产、生活中起着不可或缺的重要作用，但迄今国际社会对如何定义航空器还没有统一的意见。如苏联 1983 年 5 月 13 日《航空法典》第十一条规定："航空器系指凡能依靠空气的相互作用在大气中保持运行的任何飞行机器。"美国 1958 年《联邦航空法》第一百零一条第五款规定："现有的或今后发明的，使用或专供用于空中航行、飞行之任何机器。"我国 1998 年《民用航空器国籍登记规定》第二条规定："本规定所称航空器是指任何能够凭借空气的反作用力获得在大气中的支承力并由所载人员驾驶的飞行器械，包括固定翼航空器、旋翼航空器、载人气球、飞艇以及中国民用航空局认定的其他飞行器械。"总结这些规定，我们会发现一些基本特点存在于这些规定之中：首先，航空器是某种人造的机器或器械；其次，航空器能在空中进行飞行活动。

除了上述各国国内法规定之外，国际上首次对航空器进行定义是在 1919 年的《巴黎公约》，公约规定："航空器是指可以从空气的反作用而在大气中取得支撑力的任何机器。"

1944 年《国际民用航空公约》用了相同的定义。

1967 年 11 月 8 日，国际民用航空组织又修改了上述定义，将航空器定义为："航空器指可以从空气的反作用，但不是从空气对地球表面的反作用，而在大气中取得支撑力的任何机器。"这是目前被引用较为广泛的定义。

通过修改后的定义，我们发现：

第一，气垫船因为是空气对地面的反作用得以运行，因此被排除在航空器之外。

第二，导弹和火箭不是航空器，因为它们是靠喷射气态物质获得动力。

第三，炮弹得到初始动量后靠惯性飞行，不是航空器。

第四，卫星主要在太空中运行，没有空气的作用，也不是航空器。

除以上举例以外，气球、飞船、风筝和滑翔机等等都属于航空器。至于比较特殊的航天飞机是否属于航空器，一般认为航天飞机的主要工作时间和工作目的都在太空，因而不属于航空器。

二、航空器在法律上的分类及其法律地位

（一）航空器在法律上的分类

航空器在法律上划分为"民用航空器"（Civil Aircraft）和"国家航空器"（State Aircraft）。

1919 年《巴黎公约》第三十条规定："下列航空器应被视为国家航空器：①军用航空器。②专门用于国家部门的，如邮政、海关、警察的航空器。除军用、海关和警察航空器之外，所有的国家航空器均作为私用航空器对待，并由此受本公约的各种规定的约束。""由军人操纵的任何航空器，均被视为是军用航空器。"

1944 年《芝加哥公约》第三条"民用航空器和国家航空器"中规定："本公约仅适用于民用航空器，不适用于国家航空器；用于军事、海关、警察部门的航空器，应认为是国家航空器。"

由此可见，航空器在法律上基本分为：

（1）国家航空器，专门用于国家部门，如军事、海关、警察等。

（2）民用航空器，除用于执行军事、海关、警察飞行任务外的航空器。民用航空器与国家航空器相比，具有如下特征：

①民用航空器一般是在一国的民用航空当局注册登记；

②从事运送旅客、行李、货物和邮件等公共航空运输；

③在国民经济的某些部门从事公共航空运输以外的航空作业，如工农业、林业、渔业和建筑的作业飞行；

④从事医疗卫生；

⑤进行气象探测、科学实验等活动；

⑥从事教育训练、文化体育等飞行活动；

⑦进行救灾抢险等活动。

（二）航空器的法律地位

1. 国家航空器的法律地位

《国际民用航空公约》第三条第三款规定："一缔约国的国家航空器，未经特别协定或其他方式的许可并遵照其中的规定，不得在另一缔约国领土上空飞行或在此领土上降落。"

此外，对于外国国家元首、政府首脑和执行特别使命的高级官员乘坐的专用航空器，享有外交特权和豁免权。

2. 民用航空器的法律地位

根据《国际民用航空公约》规定：民用航空器必须遵守飞入国的法律和制度；必须按规定在设关机场降停；接受海关和其他检查，遵守关于入境、放行、移民、护照、海关及检疫规章等。

《国际民用航空公约》还规定："每一国家在行使其主权时，对未经允许而飞越其领土的民用航空器，或者有合理的根据认为该航空器被用于与本公约宗旨不相符合的目的，有权要求该航空器在指定的机场降落；该国也可以给该航空器任何其他指令，以终止此类侵犯。"（第三分条）

由此可见，民用航空器受航空器所在地国家的管辖，并接受该国的法律约束，不享有任何特权和管辖豁免权。

■ 课堂互动 ■

学生讨论

国家领导人出访所乘坐的飞机和普通公民所乘坐的飞机是否具有相同的法律地位？为什么？

■ 思考与练习 ■

1. 简述民用航空器的含义、分类。
2. 民用航空器的法律地位如何？

第二节　民用航空器国籍与登记

一、民用航空器国籍的意义

航空器具有国籍（Aircraft Nationality）是一项十分重要的法律制度，是《芝加哥公约》规定的另一个基本原则。该公约的许多条款都是直接或间接地在这个概念的基础上作出规定或表述的；离开航空器的国籍，这些条款就会变得难以理解或表述。例如，《芝加哥公约》第五条和第六条关于定期和不定期航班都是就某国的航空器而言，有些直接提到"其他缔约国的……航空器"。众所周知，所谓五种"航空自由"或权利也是以本国或外国航空器来划分的。又如第九条关于"禁区"的表述中，"禁止其他国家的航空器在其领土内……"，等等。

航空器的国籍原则承认了航空器依其国内法具有一定法律人格，并据此烙上所属国国籍的印记，从而使该国在国际法上享有国籍规则的若干权利与义务。例如，《芝加哥公约》规定各国应"采取措施以保证在其领土上空飞行的每一航空器遵守当地关于航空器飞行和运转的现行规则和规章"（第十二条）；"凡从事国际航行的每一航空器，应备有该航空器登记国即国籍国发给或核准的适航证"（第三十一条）等。

对航空器采取国籍制度，是沿袭海商法对船舶采取国籍制度而来的，是从国际立法一开始就获得普遍国际承认的规则。1919年《巴黎公约》第六条、1926年《伊比利亚—美洲公约》第六条、1928年《哈瓦那公约》第十七条，都有关于航空器国籍的规定。取代这些条约的《芝加哥公约》，专门设置了第三章"航空器的国籍"，用第十七条至二十一条共五个条款表述了这个规则。第十七条："航空器具有其登记的国家的国籍"；第十八条："航空器在一个以上国家登记不得认为有效，但其登记可以由一国转移至另一国"；第十九条："航空器在任何缔约国登记或转移登记，应按该国的法律和规章办理"；第二十条规定了国籍标志和登记标志；第二十一条规定了应将国籍登记及所有权情况向国际民航组织报告的制度。

以上是关于航空器国籍问题的基本法律依据，是研究航空器国籍问题的基础。国籍制度最早是用来识别某一自然人的一种法律上的身份，它是指一个人作为某一国家的国民或公民而隶属于该国。这种关系意味着个人效忠国家和国家保护个人的义务。概括地说，国籍是指一个人同某一特定国家的固定的法律联系，也是国家实行外交保护权利的法律依据。在现代社会中，国籍的概念已经从自然人扩大到法人、船舶、航空器以及一般财产。

航空器的国籍不具有自然人的国籍的类似法律效力，也不能因航空器具有其登记国的国籍，就认定或拟制航空器是其登记国领土的一部分。航空器国籍的重要意义在于，航空器的国籍，是航空器与登记国（国籍国）相联系的法律"纽带"。航空器登记国据此对具有其国籍的航空器享有权利和承担义务，对航空器予以保护和施行管理。

航空法上对航空器国籍的设想最早是由法国法学家福希尔提出来的，他要求制定国际规则指导航空活动，最终使得1919年《巴黎公约》中列入若干处理此问题的条款。对航空器国籍的规定在1944年《国际民用航空公约》中更占有突出的地位。因为对航空器来说，在国际航空运输中得到所属国的保护具有很重要的意义，同时也有利于航空器自身的管理，比如对航空器上发生的事件具有管辖权等。航空器的国籍问题十分重要。

二、民用航空器国籍管理的基本原则

（一）登记与所有权

对用何种办法确定航空器的国籍，原来是有不同意见的。例如，英国代表根据该国在海商法上用所有权作标准的传统做法，在1919年巴黎会议上曾提出建议，用航空器所有人的国籍决定航空器的国籍，但未被采纳。后来会议采用了用登记制度决定航空器国籍的方法，也就是说，航空器是在哪个国家登记的，其国籍就是这个国家。这个方法后来为《芝加哥公约》沿用。

登记制度是各国民商法中普遍采用的一种确定财产所有权的规则，即对不动产和价值重大的动产（如轮船、飞机、汽车等）必须向国家有关当局注册登记。就动产如航空器而言，一般叫作"要登记的动产"。

用登记制度确定国籍有它的缺陷或弊端，即有造成国籍与所有权分离的可能性。就国际法传统规则而言，对船舶的登记国籍就有"方便旗"这个痼疾。海洋法关于船旗国的一般规则是，船舶具有悬挂其所属国的国籍旗帜的权利，但各国对在本国登记并取得本国国籍的法规和条件差别很大。有的规定严格，如苏联规定船舶所有权必须为该国国有、集体所有和苏联公民所有时可登记取得该国国籍。但也有些国家，如利比里亚和巴拿马，国籍登记的条件很宽，不论船舶所有权为哪国人，只要交纳较低的赋税，就可登记并取得该国国籍，这就是"方便旗"问题。

《芝加哥公约》本身对航空器国籍条款的法律效力，并没有为堵塞"方便旗"这类漏洞提供有效的保障。有鉴于此，芝加哥会议制定的另外两个多边协定文本即《国际航班过境协定》和《国际航空运输协定》中，以及后来大量缔结的双边航空协定中，一般都规定有一种所谓"实质性所有权与有效控制"条款。我国与许多西方国家之间的双边航空协定中都订有此类条款，以杜绝类似"方便旗"的弊端在航空运输中发生。

（二）只许有一个国籍

《芝加哥公约》的航空器国籍原则的一个重要特征是，一架航空器只许有一个国籍。《芝加哥公约》第十八条规定，一架航空器不得在几个国家登记，但其登记可以从一国转移至另一国。

国际组织如拥有飞机，也必须在某个国家登记以取得国籍。一个国籍的规则虽然杜绝了双重或多国籍的混乱，但也带来一个难以解决的问题，即当各国航空企业之间互换飞机、租机（干租）与包机时，就会使国籍国与经营人所属国相分离，由此引起一系列复杂法律问题。最先涉及上述问题并用于处理其中民事责任方面问题的是1961年补充华沙公约的《瓜达拉哈拉公约》。到1963年讨论和制定关于飞机上犯罪的《东京公约》，并确立飞机登记国刑事管辖权时，这个问题就暴露得更为尖锐了。

（三）联合经管

《芝加哥公约》第七十七条规定，"本公约不妨碍两个或两个以上缔约国组成航空运输的联营组织或国际性的经营机构，以及在任何航线或地区合营航班"；"理事会应决定本公约关于航空器国籍的规定以何种方式适用于国际经营机构所用的航空器"。

世界上成立最早、最成功的国际性联营组织是"斯堪的纳维亚联合航空体"（SAS），它由瑞典、丹麦与挪威三国的航空公司按3/7（瑞典）、2/7（丹麦）与2/7（挪威）的资金比例于1946年联合组成，通称"北欧航空公司"。这个航空公司的机群，亦按上述比例分别在三国登记，因而避免了第七十七条由国际民航组织理事会决定其所用航空器国籍这个问题。1961年11个法语系非洲国家组成了"非洲航空公司"。国际民航组织法律委员会和理事会于1967年讨论了这个问题，认为依第七十七条，只要在一国做联合登记，而将该公司在各国登记的航空器填入联合登记簿内，即可成立；但该公司所属机群只涂共同标志而不是某一个国家的标志，各国承担连带责任。该非洲航空公司后来是在象牙海岸（1986年改称"科特迪瓦"）国联合登记的。

1983年约旦和伊拉克组成一家联营的"阿拉伯航空货运公司"，要求国际民航组织理事会解决国籍登记问题。理事会基本上按照1967年讨论的意见作出了答复。

（四）民用航空器国籍标志和登记标志

1. 民用航空器国籍标志

国籍标志是识别航空器国籍的标志。航空器国籍标志须由一组字组成，从国际电信联盟分配给航空器登记国的无线电呼叫信号中的国籍代号系列中选用，并将国籍标志通知国际民用航空组织。在"国籍标志"之外，还有一种"共用标志"。"共用标志"是国际民用航空组织分配给共用标志登记当局的标志，用以对国际经营机构的航空器不以国家形式进行登记。共用标志须从国际电信联盟分配给国际民用航空组织的无线电呼叫信号的代号系列中选用。

2. 民用航空器的登记标志

登记标志是航空器登记国在航空器登记后指定的标志。登记标志须是字母、数字或是两者的组合，列在国籍标志之后。

国籍标志和登记标志必须按规定的尺寸和字体涂在航空器上或用任何其他能保证同等耐久的方法附在航空器上。标志须保持清洁和随时可见。此外，航空器必须有一块至少刻有其国籍标志和登记标志的识别牌。此牌应用耐火金属或其他具有合适物理性质的耐火材料制成，并且应当固定在航空器主舱门附近显著的地方。

┃┃ 课堂互动 ┃┃

学生讨论

外国人在中国航空公司的飞机上发生犯罪行为，应该由哪个国家的司法机构受理？任务导航中的案例，是由哪个国家受理？

┃┃ 思考与练习 ┃┃

1. 试述民用航空器国籍的意义。
2. 民用航空器管理的基本原则是什么？

第三节 民用航空器的权利

根据属地优越权原则，处在一国领域内的航空器，除按规定享有一定特权和豁免权的外国国家航空器以外，都置于该国的管辖之下，并适用该国法律。因此，航空器在其登记国领域内完全置于该国管辖之下，是不言而喻的。在这里需要讨论的是航空器登记国对在域外的本国航空器享有哪些权利和承担何种义务。

一、航空器登记国对在域外的本国航空器享有的权利

1998年6月10日，中国民用航空总局第76号令颁布的《民用航空器国籍登记规定》（以下简称《规定》）第六条规定：民用航空器依法登记后，取得中华人民共和国国籍，受中华人民共和国法律管辖和保护。

（一）管辖权

航空器登记国对在域外的本国航空器在一定条件下有管辖权：

（1）航空器登记国的有关法律，在航空器所在地国的法律或者航空器登记国缔结

或参加的国际条约没有另外规定时，亦适用于在域外的本国航空器。

（2）当航空器在飞行中，在公海海面上或者在不属于任何国家领土的地区的地（水）面上，该航空器内所产生的法律关系，由航空器登记国的法律调整。

（3）当航空器在飞行中，在公海海面上或者在不属于任何国家领土的地区地（水）面上，该航空器的登记国对在其内发生的犯罪和其他某些行为有管辖权，但不排除该航空器飞经国依据该国法律行使刑事管辖权。

有些国家的国内法规定了较宽的域外刑事管辖权，自然会与领土地国的属地管辖权相冲突。这种冲突需要通过适当途径解决。

（二）保护权

航空器登记国有权保护在域外的本国航空器，主要是：

（1）当航空器在国外遇险时，在该航空器遇险所在地当局的管制下，航空器登记国当局有权采取情况所需的援助措施。

（2）当航空器在外国发生事故时，航空器登记国有权指派观察员在调查时到场，并有权要求和接受主持调查的国家提供此事的报告及调查结果。

（3）航空器登记国的领事官员根据双边领事条约的规定，在领区内有权对停留在接受国的机场或在空中飞行的本国航空器提供一切必要的协助，可以同本国机长和机组成员进行联系，并可请求接受国主管当局提供协助。

（4）航空器登记国领事官员有权在领区内就本国航空器采取下列措施：

①在不损害接受国主管当局权利的情况下，对本国航空器在飞行中和在机场停留时发生的任何事件进行调查，对机长和任何机组成员进行询问，检查航空器证书，接受关于航空器飞行和目的地的报告，并为航空器降落、飞行和在机场停留提供必要的协助。

②如登记国法律有规定，则在不损害接受国当局权利的情况下解决机长和任何机组成员发生的各种争端。

③对机长和任何机组成员的住院治疗和遣送回国采取措施。接受、出具或证明本国法律就航空器规定的任何报告或其他证件。

（5）当接受国法院或其主管当局对航空器或其机长或任何机组成员采取任何强制措施或进行正式调查时，航空器登记国的有关领事官员可以事先得到通知，以便本人或派代表到场。如情况紧急事先未得到通知，可以在接受国采取上述行动后立即得到通知，并可请求接受国提供所采取行动的一切有关资料。

（6）当航空器机长、航空器经营人及其代理人或有关的保险机构都不能对发生事故的航空器的物品采取保护或处置措施时，航空器登记国的领事官员有权代表他们为此采取相应措施。

（三）管理权

航空器登记国有权对从事国际航行的本国航空器加强管理，予以控制。主要有：

（1）从事国际航行的每一航空器应载有其登记国的国籍标志和登记标志。

（2）从事国际航行的每一航空器应携带其登记国发给或核准的下列证件：

①航空器登记证；

②航空器适航证；

③航空器驾驶员及飞行组其他成员的合格证和执照；

④航空器无线电台许可证。

航空器登记国发给或核准的适航证和合格证书及执照，只要发给或核准此项证书或执照的要求，等于或高于根据《国际民用航空公约》随时制定的最低标准，其他国家应承认其有效。

航空器登记国可以通过国内法的规定，加强对在该国登记的航空器的管理和控制。例如，对航空器维修和放行，不论是在境内还是境外，须由航空器登记国主管当局发给执照或证书的合格人员施行。有的国家规定，如美国，租给外国经营人使用的航空器，必须每月两次飞回航空器登记国。有的国家还规定，如苏联，航空器的机组成员必须是该航空器登记国的公民等。

二、航空器登记国应承担的义务

（一）发证义务

航空器登记国为其航空器发给或核准适航证和合格证书及执照，既是权利，又是义务，发证要求不得低于国际最低标准。

（二）管辖义务

航空器登记国对在其航空器内犯罪和其他某些行为，应采取必要措施，以确立其作为登记国的管辖权。

（三）保证义务

航空器登记国应采取措施，以保证每一具有其国籍标志的航空器，不论在何地，都遵守当地关于航空器飞行和运转的现行规则和规章，尤其是遵守拦截指令，并承允对违反适用规章的一切人员起诉，予以严厉惩罚。

（四）提供资料义务

如果有要求，航空器登记国应将在该国登记的某一航空器的登记及所有权的情况提供给其他国家或国际民用航空组织，并应按照国际民用航空组织的规章，向该组织提交有关在该国登记的经常从事国际航行的航空器所有权和控制权的可提供的有关资料。

（五）禁止义务

航空器登记国应采取适当措施，禁止将在该国登记的任何民用航空器肆意用于与《国际民用航空公约》宗旨不相符合的目的。

上述义务只对有关条约的缔约国适用。任何国家违反所承担的义务，应负相应的国际责任。

课堂互动

学生讨论

取得中华人民共和国国籍的航空器，都享有哪些权利？受中华人民共和国法律管辖和保护，都体现在哪些方面？

思考与练习

1. 简述民用航空器权利的含义。
2. 民用航空器权利的种类有哪些？

第四节　民用航空器适航管理

一、民用航空器适航管理的含义、目的及其特征

（一）民用航空器适航管理的含义

根据 1987 年 5 月 4 日国务院发布的《中华人民共和国民用航空器适航管理条例》第三条，适航管理是指航空器适航主管机关依照法律规定，对航空器从设计、定型开始，到生产、使用直至停止使用的全过程施行监督，以保证航空器始终处于适航状态的科学管理。简言之，航空器的适航性就是航空器适合空中航行并能保障安全的规定性。

（二）民用航空器适航管理的目的

民用航空器的适航管理，是以保障民用航空器的安全为目标的技术管理，是各国民航当局主管部门在制定了各种最低安全标准的基础上，对民用航空器的设计、制造、使用和维修等环节进行科学的、统一的审查、鉴定、监督和管理。

（三）民用航空器适航管理的特征

1. 具有权威性

适航管理所依据的适航标准和审定监督规则具有国家法律效力，所有的适航规章、标准，都是强制性的，即必须执行的。适航管理部门，必须具有高度的权威性，这一方面是由其社会地位决定的，另一方面是由其自身的公正性决定的。

2. 具有国际性

民用航空器既是国际民用航空运输的重要工具，又是国际上的重要商品，因而决定

了适航管理的国际性，其适航标准必须得到国际上的普遍承认。

3. 具有完整性

任何一个国家的适航管理部门，对航空器的设计、制造、使用、维修，直至退役的全过程，都要以实施安全为目的，统一的闭环式审查、鉴定、监督、管理。

4. 具有动态发展性

航空科技进步和民用航空业的不断发展，要求各国适航管理部门不断改进和增加新的适航标准，适航管理也必然随之变化发展。因此，适航管理不能是静态的、永恒不变的，而是动态发展的。

5. 具有独立性

为了保证适航管理部门在立法和执法工作上的公正性和合理性，各国适航部门在经济上和管理体制上是独立的政府审查监督机构。

二、适航管理的分类及其主要内容

（一）适航管理的分类

民用航空器适航管理分为以下两大类。

1. 初始适航管理

初始适航管理是指在航空器交付使用之前，民用航空器适航管理部门根据适航标准对航空器的设计、制造所进行的管理。这类管理主要通过颁发和控制证件的方法来进行。

通常程序为：适航部门受理申请人的申请项目以后，指派审查组，拟定审查计划，确定审查标准，要求或提出专用条件，现场进行检查和评估，合格的予以颁发证件。

2. 持续适航管理

民用航空器持续适航是指民用航空器满足初始适航要求，取得适航证并投入营运后，为保持它在设计制造时的基本安全标准或适航水平所进行的管理。航空器以及航空器的使用、维修人员和单位是持续适航管理的三个主要对象。

（二）适航管理的主要内容

航空器的适航管理包括三个方面的内容，即航空器的设计、制造、维护与维修。这就需要保证航空器设计的完整性，制造的高质量，符合性，维修的持续适航性。

1. 民用航空器（含发动机、螺旋桨）的设计适航管理

《中华人民共和国民用航空法》第三十四条规定："设计民用航空器及其发动机、螺旋桨和民用航空器上的设备，应当向国务院民用航空主管部门申请领取型号合格证书。经审查合格的，发给型号合格书。"

《中华人民共和国民用航空法》第六条规定，任何单位或个人设计民用航空器，应

当持有主管部门对该设计项目的审核批准文件，向民航局申请型号合格证。型号合格证书的内容包括型号合格证编号、申请日期以及批准日期、批准人签署。

对民用航空器的设计进行型号合格审定，是适航管理中最重要的环节。因为民用航空器的国有安全水平是在设计阶段确定的。适航部门要根据反映最低安全水平的适航标准，按照严格详细的审定程序，对民用航空器设计过程或有关的试验或者飞行逐项审查和监督。

民用航空器机器发动机、螺旋桨的型号合格证申请人，必须按照国务院民用航空主管部门规定的表格填写型号合格证申请，按照规定提供有关文件。型号合格证申请的有效期为五年。

2. 民用航空器的生产、维修适航管理

《中华人民共和国民用航空法》第三十五条规定："生产、维修民用航空器及其发动机、螺旋桨和民用航空器上的设备，应当向国务院民用航空主管部门申请领取生产许可证、维修许可证书。经审查合格的，发给相应的证书。"

这条规定，既有对民用航空器初始适航管理的内容，又有对民用航空器进行持续适航管理的内容。

3. 民用航空器使用适航管理

《中华人民共和国民用航空法》第三十七条规定：具有中华人民共和国国籍的民用航空器，应当持有国务院民用航空主管部门颁发的适航证书，方可飞行。

另外，我国《民用航空法》第三十八条规定：民用航空器的所有人或者承租人应当按照适航证书规定的使用范围使用民用航空器，做好民用航空器的维修保养工作，保证民用航空器处于适航状态。

课堂互动

1. 依法取得中华人民共和国国籍的民用航空器，应当标明规定的国籍标志和_____。

A. 公司标志　　　B. 登记标志　　　C. 机型标志　　　D. 适航标志

2. 以下各组中不属于航空器的有_____。

A. 气球、气垫船、滑翔机、直升机、飞机

B. 飞艇、气垫车、直升机、飞机、人造卫星

C. 人造卫星、宇宙飞船、空间站、航天飞机

D. 滑翔机、直升机、飞机、火箭、导弹

3. 民用航空器的持续适航管理是指航空器满足初始适航管理要求，取得_____并投入营运后，为保持基本安全标准所进行的管理。

A. 生产许可证　　　B. 适航证　　　C. 型号合格证　　　D. 经营许可证

4. 任何单位或者个人设计民用航空器，应当向民航局申请_____。

A. 适航证　　　B. 生产许可证　　　C. 型号合格证

5. 民用航空器必须具有民航局颁发的_____方可飞行。

A. 适航证　　　　B. 经营许可证　　　C. 机场使用许可证

思考与练习

1. 简述民用航空器适航管理的含义。
2. 民用航空器适航管理的主要内容是什么？

章末小结

本章系统讲述了航空器的定义、民用航空器的法律地位、航空器国籍的重要意义、民用航空器适航管理的含义及其特征。

通过学习，学生了解了航空器的基本概念、民用航空器的法律属性，基本掌握了航空器的国籍标志和登记标志及航空器国籍的重要意义。并通过所学知识，能够对有关航空器的案例作出正确的分析。

本章知识对学生的实习和以后的民航职业工作具有重要的指导意义。

第四章　民用航空人员的法律制度

📚 **学习目标**

1. 了解民用航空人员的含义及法律责任。

2. 熟悉机长权利与责任的相关法律法规。

3. 能够运用所学基础知识对有关案例作出正确的分析。

📚 **关键词**

民用航空运输；民用航空人员；机长的法律责任

📚 **知识框架**

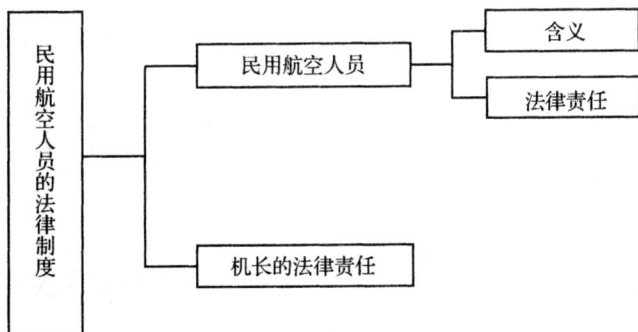

✈ **任务导航**

案情简介

　　"培养一位飞行员，要花费与他体重相等的黄金"，人们经常用这句话来形容培养一个合格的飞行员所需的巨大花费。而如果一个飞行员在培训过程中半途而废，或是培训完成后却没有达到约定的服役期限，那航空公司投在他身上的巨额花费，可能就打了水漂了。某日，在东方航空云南有限公司工作了 12 年的飞行员马某想辞职，被航空公司索赔 540 万元违约金。

案件结果

　　经马某和东航云南有限公司申请劳动仲裁，云南省劳动人事争议仲裁院审理后作出裁决：确认马某与东航云南有限公司劳动合同于 2017 年 2 月 8 日解除并要求东航为马某办理离职手续。马某自裁决生效之日起三十日内向东航云南有限公司支付 225 万元培训费违约金。

双方均不服该仲裁裁决诉至一审法院，法院一审后支持了上述仲裁结果，双方再次上诉。马某要求撤销225万元违约金判决，改判按有支付凭证的专项培训费用承担违约金，大约在70万元左右。

东航云南有限公司则表示，公司长期为马某提供大量国内外专业第三方培训及内部培训，累计复训17次，必须服务期从2005年至2038年。如单方解除劳动合同，应根据劳动合同约定赔偿违约金540万元。

法院二审后认为，东方航空主张的540万元违约金，与《劳动合同法》第二十二条关于违约金不得超过服务期尚未履行部分所应分摊的培训费用的规定不相符。根据上述法律规定，结合双方合同关于违约金标准以及必须服务期的约定内容，计算出马某应支付的违约金金额为378万元。

导航思考

1. 航空公司为何要向辞职飞行员索赔？
2. 对于航空公司而言，应该采取何种举措才能有效防止飞行员的流失？

第一节　民用航空人员及其法律责任概述

一、民用航空人员的含义

航空人员是指领有执照，直接从事与空中航行有关工作的专业人员。从工作环境和工作职责方面，可将航空人员划分为空勤人员和地面人员两大类。并非所有从事民用航空活动的人员都是航空人员。其中，空勤人员是指在飞行中的民用航空器上执行任务的人员，包括驾驶员、领航员、飞行机械员、飞行通信员和乘务员；地面人员是指在地面从事民用航空器维修的人员、负责空中交通管制的人员、飞行签派人员和航空电台通信人员。《中国民用航空飞行规则》还将航空摄影员和安全保卫员列为空勤人员。2004年，空中警察全面上岗执勤。空中警察依法行使防范和制止劫机、炸机的权力，防范和制止非法干扰安全飞行的行为，保护乘客的生命财产安全，具有警察和机组成员的双重身份。

随着我国民航事业的飞速发展，外籍航空人员也加入我国的航空人员队伍中。对此，我国法规也对雇佣的外籍航空人员的条件作了特别的规定。

二、民用航空人员的地位

航空人员是实施空中航行最活跃也是主观性最强的因素，处于十分关键的地位。任何空中航行，都不能缺少驾驶员和其他空勤、地面人员，对于有效而安全的运行来说，他们的能力、技巧和训练是必要的保证。当今航空器运行的种类很多，也很复杂，因此就必须防止由于人为或一个系统组成部分的失效而导致整个系统崩溃。

正因为如此，在空中航行活动中，各类航空人员都是不可缺少的，都应当符合规定的条件，各司其职、各负其责、团结协作、紧密配合，切实保障飞行安全。为此，对于航空人员的资格及其管理，都必须建立起一整套严密的规章制度，在法律上予以保障，使之遵照执行。按照相关规定，每种航空人员都在其职责范围内有着特定的权利和责任，并以此保证民用航空活动安全有序地运行。航空人员的业务素质、技术水平甚至身体精神状况等对民用航空活动的安全至关重要，甚至在某种程度上影响、决定着民用航空的发展水平。

三、民用航空人员的法律责任

民用航空人员对保障飞行安全有重大责任。作为从业人员，应当严格履行职责，恪尽职守，保护民用航空器及其所载人员和财产的安全，否则要承担法律责任。而所谓法律责任，是指行为人由于违法行为、违约行为或者由于法律规定而应承受的某种不利的法律后果，具有国家强制性的特点。民用航空人员的法律责任主要包括以下三个方面。

（一）行政责任

行政责任是指犯有一般违法行为的单位或个人，依照法律法规的规定应承担的法律责任。行政责任主要有行政处罚和行政处分两种方式。

（二）民事责任

民事责任是指民事主体在民事活动中，因实施了民事违法行为，根据民法所承担的对其不利的民事法律后果或者基于法律特别规定而应承担的民事法律责任。

（三）刑事责任

刑事责任是指犯罪人因实施犯罪行为应当承担的法律责任，按刑事法律的规定追究其法律责任，包括主刑和附加刑两种刑事责任。主刑，是对犯罪分子适用的主要刑罚，它只能独立使用，不能相互附加使用。主刑分为管制、拘役、有期徒刑、无期徒刑和死刑。附加刑分为罚金、剥夺政治权利、没收财产。

《中华人民共和国民用航空法》规定：

（1）第一百九十九条规定，航空人员玩忽职守，或者违反规章制度，导致发生重大飞行事故，造成严重后果的，分别依照、比照刑法第一百八十七条或者第一百一十四条规定追究刑事责任。即是说，根据《刑法》的规定，对有关航空人员追究刑事责任，将判处三年以下的有期徒刑或者拘役；情节特别严重的，将判处三年以上七年以下有期徒刑。这里是指1979年的老刑法，按照1997年新刑法的第一百三十一条规定："航空人员违反规章制度，致使发生重大飞行事故，造成严重后果的，处三年以下有期徒刑或者拘役；造成飞机坠毁或者人员死亡的，处三年以上七年以下有期徒刑。"对于未构成犯罪，需要追究行政责任的，也将给予相应的行政处罚。

（2）违反本法第四十条的规定，未取得航空人员执照、体格检查合格证书而从事相应的民用航空活动的，由国务院民用航空主管部门责令停止民用航空活动，在国务院民用航空主管部门规定的限期内不得申领有关执照和证书，对其所在单位处以二十万元以下的罚款。

（3）第二百零六条　有下列违法情形之一的，由国务院民用航空主管部门对民用航空器的机长给予警告或者吊扣执照一个月至六个月的处罚，情节较重的，可以给予吊销执照的处罚：

①机长违反本法第四十五条第一款的规定，未对民用航空器实施检查而起飞的；

②民用航空器违反本法第七十五条的规定，未按照空中交通管制单位指定的航路和飞行高度飞行，或者违反本法第七十九条的规定飞越城市上空的。

（4）第二百零八条　民用航空器的机长或者机组其他人员有下列行为之一的，由国务院民用航空主管部门给予警告或者吊扣执照一个月至六个月的处罚：

①执行飞行任务时，不按照本法第四十一条的规定携带执照和体格检查合格证书的；

②民用航空器遇险时，违反本法第四十八条的规定离开民用航空器的；

③违反本法第七十七条第二款的规定执行飞行任务的。

▌ 课堂互动 ▌

击鼓传花

被选中的同学上台总结这一章节教师所讲内容，带领同学们进行复习。

▌ 思考与练习 ▌

民用航空人员的法律责任有哪几类？

第二节　机长的权利与责任

一、机组与机长

（一）机组

机组是指由航空器经营人委派在飞行期间的航空器内担任职务的人员组成。民用航空器机组由机长和其他空勤人员组成。通常，机组又分飞行组和乘务组。飞行组，指由持有执照、担任的主要职务是操纵飞行期间的航空器的机组成员组成。1944年《芝加哥公约》附件1第1.2.1条规定："除非持有该航空器登记国或者任何其他缔约国签订的、由该航空器登记国认可的符合本附件的规格并与其事务相适应的有效执照，任何人不得充任航空器飞行组成员。"乘务组，是指由飞行组成员以外，在机舱工作的其他机组成员组成，担任操纵航空器以外的辅助职务。

（二）机长

机长即航空器机组的负责人，应当由具有独立驾驶该型号民用航空器的技术和经验的驾驶员担任。在执行飞行任务期间，机长负责领导机组的一切活动，保证其航空器遵守有关航空器飞行和运转的现行规则和规章，并对航空器及其所载人员和财产的安全负责。由于机长的责任重大，必须赋予其相应的权力。

机长具有高度权威，航空器内全体人员应服从机长命令，听从机长指挥，维持航空器内的严明纪律和正常秩序，以保障机长履行职责，果断采取一切必要的合理措施，正确处理意外事故和突发事件，全面地完成所肩负的任务。在我国，机组的组成和人员数额，应当符合国务院民用航空主管部门的规定。机组缺员的民用航空器，不得起飞。

（三）机长的资格

《中华人民共和国民用航空法》第四十三条第一款规定："机长应当由具有独立驾驶该型号民用航空器的技术和经验的驾驶员担任。"

《中国民用航空飞行规则》第七条第二款、第五十一条规定："如果机组中有两名以上正驾驶员，必须指定一名机长，并且在飞行任务书中注明。""飞行中，机长因故不能履行职务的，由仅次于机长职务的驾驶员代理机长；在下一个经停地起飞前，民用航空器所有人或者承租人应当指派新机长接任。"

另外，现行的有关国际公约中就机长资格问题作出了较为详细的规定。如规定机长只能由驾驶员担任，机长是"在飞行时间内，负责航空器的飞行和安全的驾驶员"。"每次飞行，（航空器）经营人应指定一名驾驶员担任机长。"年满 60 岁的驾驶员，不得担任定期和不定期国际航空运输飞行的航空器机长。

担任机长的驾驶员还应符合某些条件，如：

（1）在 90 天内在某型飞机上至少做过 3 次起降，才能担任该型飞机的机长。

（2）担任航路和航站飞行机长的驾驶员必须对下列各项有足够的知识：

①熟悉所飞航路和所用机场，包括：地形和最低安全高度；季节性气象情况；气象、通信以及空中交通服务、设备和程序；搜寻和救援程序；沿航路有关导航设备。

②飞越人口稠密地区和飞行量密集地区上空的飞行航径程序、障碍物、机场布局、灯光、进近助航设备以及进场、离场、等待和仪表进近程序以及有关飞行的最低标准。

（3）在复杂情况下，机长应由一名取得某一机场飞行资格的驾驶员为飞行组成员或者作为机舱观察员陪同，并在该航路上各降落机场做过一次实际进近。

（4）应在将要执行任务的航线或航段上作为机组的飞行组成员做过一次实际飞行。

二、机长的权利与责任

（一）机长的权利

机长的职责在于负责民用航空器的操作，领导机组的一切活动，保护民用航空器及其所载人员的财产的安全，保证飞行任务的顺利完成。机长的职责、权利和义务是法律所赋予的，明确并正确履行法律所赋予机长的权利和义务是对一名合格机长的基本要求。机长的职责权限主要表现在以下五个方面。

1. 检查和拒绝起飞的职责和权力

航空器执行飞行任务前，机长应对航空器实施必要的检查，如果发现有不利于飞行安全的因素，如航空器故障，机场、气象等条件不符合有关规定，不利于飞行安全，机长有拒绝起飞的权力。

2. 紧急情况下的处置权

在航空器的飞行过程中，如果遇到破坏民用航空器的行为、危及航空器飞行安全的行为、扰乱民用航空器内秩序的行为，以及其他特殊情况时，为了保证飞行安全，机长有权采取必要的适当措施，或对航空器做出处置。具体包括以下五种情况：

（1）发生紧急情况时，机长应采取必要的安全措施。

（2）在紧急情况下，机长可以命令旅客听从指挥，以确保安全。

（3）如有可能，在发生紧急情况时机长应及时通知乘务员。

（4）在航空器遇险时，机长有权采取一切必要措施，指挥机组人员和航空器上其他人员采取抢救措施或组织旅客安全撤离。机组人员未经机长允许不得撤离航空器。机长应当最后离开航空器。

（5）遇到其他特殊情况，如航空器在执行飞行任务中发生航班不正常的情况或其他突发事件，机长有权根据现场情况做出适当处置。

总之，发生任何特殊或紧急情况，机长都应根据所发生情况的性质、飞行条件和可供进行处置的时间来决定。在任何情况下，机长和机组成员应当主动配合，密切协作，沉着、果断地进行处置，千方百计保证旅客的人身及财产安全。

3. 机组人员的人事管理权

机长是航空器机组的领导者、负责人，机组人员的活动由机长负责领导。因此，当机长发现机组人员不适宜执行飞行任务时，有权对机组人员提出调整或其他合理安排。

4. 通知的职责和权力

航空器在发生紧急情况时，机长应同空中交通管制中心、搜寻和援救中心及飞行签派员保持密切联系，并充分考虑由以上部门和人员提供的意见和建议。在紧急情况下，允许机长为了安全而违背有关的规章，包括最低天气标准的使用，应尽早通知有关机构或飞行签派员。航空器发生事故，机长应以最快捷的途径将事故通知民航主管部门。

5. 险情报告和合理援助的职责和权力

航空器在飞行过程中发现其他航空器或船舶遇险的，机长应及时向空中交通管制单位报告险情，并对遇险航空器或船舶给予及时、合理的援助。

另外，《中华人民共和国民用航空法》就机长的权力作了明确的规定。

（1）机长在其职权范围内发布的命令，民用航空器所载人员都应当执行。（第四十

四条第二款）

（2）飞行前，机长发现民用航空器、机场、气象条件等不符合规定，不能保证飞行安全的，有权拒绝起飞。（第四十五条第二款）

（3）飞行中，对于任何破坏民用航空器、扰乱民用航空器内秩序、危害民用航空器所载人员或者财产安全以及其他危及飞行安全的行为，在保证安全的前提下，机长有权采取必要的适当措施。（第四十六条第一款）

（4）飞行中，遇到特殊情况时，为保证民用航空器及其所载人员的安全，机长有权对民用航空器作出处置。（第四十六条第二款）

（5）机长发现机组人员不适宜执行飞行任务的，为保证飞行安全，有权提出调整。（第四十七条）

（6）民用航空器遇险时，机长有权采取一切必要措施，并指挥机组人员和航空器上其他人员采取抢救措施。（第四十八条）

（二）机长的责任

1. 《中华人民共和国民用航空法》中关于机长的职责规定

关于机长的职责，《中华人民共和国民用航空法》作了重要的规定。

（1）其主要民用航空器的操作由机长负责，机长应当严格履行职责，保护民用航空器及其所载人员和财产的安全。（第四十四条第一款）

（2）飞行前，机长应当对民用航空器实施必要的检查；未经检查的，不得起飞。（第四十五条第一款）

（3）民用航空器遇险时，机长有权采取一切必要的措施，并指挥机组人员和航空器上其他人员采取抢救措施。在必须撤离遇险民用航空器的紧急情况下，机长必须采取措施，首先组织旅客安全离开民用航空器；未经机长允许，机组人员不得擅自离开民用航空器；机长应当最后离开民用航空器。（第四十八条）

（4）民用航空器发生事故，机长应当直接或者通过空中交通管制单位，如实将事故情况及时报告国务院民用航空主管部门。（第四十九条）

（5）机长收到船舶或者其他航空器的遇险信号，或者发现遇险的船舶、航空器及其人员，应当将遇险情况及时报告就近的空中交通管制单位并给予可能的合理的援助。（第五十条）

另外，《中国民用航空飞行规则》第九条规定：在执行飞行任务期间，机长负责领导机组的一切活动，对航空器和航空器所载人员及财产的安全、航班正常、服务质量和完成任务负责。机组全体成员必须服从机长命令，听从机长指挥。

2. 有关国际公约中关于机长的职责规定

现行的有关国际公约中就机长的职责问题作了如下的规定：

（1）在飞行时，机长应对航空器的操作和安全以及航空器内所有人员的安全负责。

（2）机长应保证按规定的飞行检查制度进行详细的检查。这里所指的飞行检查制度，是指经营人为飞行组在各个阶段以及在紧急情况下使用而建立的检查制度，以保证航务手册、航空器飞行手册或者其他与适航证有关文件中所规定的操作程序得到遵守。

（3）机长应负责将涉及航空器的任何人员伤亡，以及使航空器或财产遭受重大损坏的任何事故，以可利用的最迅速的方法通知最近的有关当局。

（4）机长应负责在飞行结束时将航空器上已知的或可疑的缺陷报告经营人。

（5）机长应对"航行记录簿"或"总申报单"负责。

（6）在发生非法干扰行为后，机长应立即向指定的地方当局递交这一行为的报告。

（7）当机长看到另一架航空器或一艘水面船舶遇险时，除非他没有能力或根据当时情况考虑不合理或没有必要外，须采取下列行动：

①保持该遇险船舶或航空器在其视界之内，直至不再需要在场为止；

②如果不能确定其本身位置，采取行动以利于确定其位置；

③将所见险情报告援救协调中心或空中交通服务单位；

④按照援救协调中心或空中交通服务单位的指示办事。

（8）任何时候一架航空器的机长在无线电报或无线电话上截获一则遇险信号或类似的信号时，必须：

①记录该遇险航空器或船舶的位置（如已说明）；

②如可能，测定所发信号的方位；

③向有关援救协调中心或空中交通管制服务单位报告遇险通信并提供一切有用的情报；

④在等待指示时，可自行斟酌飞向遇险通信所给的位置。

（9）在飞行中，如果对于危及航空器或人员安全的紧急情况而必须采取违反航空器所在地国的规章或程序的措施，机长应不迟延地报告有关当局。如事故发生地国提出要求，机长应向该国的有关当局提出关于这一违章情况的报告，该机长也应向航空器登记国提交这一报告的副本。这种报告应及早提交，一般应在10天之内。

（10）如果航空器在国际机场以外的地点降落，机长应按实际可能尽快向有关政府当局报告降落。

3. 机长的刑事责任

《中华人民共和国刑法》第一百三十一条"重大飞行事故罪"规定："航空人员违反规章制度，致使发生重大飞行事故，造成严重后果的，处三年以下有期徒刑或者拘役；造成飞机坠毁或者人员死亡的，处三年以上七年以下有期徒刑。"

1）重大飞行事故罪的客观组成因素

（1）航空人员必须有违反规章制度，致使发生重大飞行事故，造成严重后果的行为。违反规章制度是指违反与飞行安全有关的规章制度，例如，航空维修人员不认真检查、维修航空器，未及时发现航空器的故障；领航员领航不正确，飞机起飞前，机长不对航空器进行全面检查，飞机遇险时机长未采取必要的挽救措施；机组人员未经机长批准擅自离开航空器等等。

（2）必须造成发生重大事故，致人重伤、死亡或者使公私财产遭受重大损失的严重后果。所谓重大事故，根据《中华人民共和国国家标准民用航空器飞行事故等级》，是指造成死亡 39 人以下，或者飞机失踪，该机机上人员在 39 人以下；或者飞机迫降到无法运出的地方。所谓严重后果，一般是指飞机等航空器或者其他航空设施受到严重损坏，航空器上人员遭受重伤，公私财产受到严重损失等。如果造成了飞机坠毁或者人员死亡的，应适用本条给予处罚。如果只有航空人员的违章行为，没有实际发生重大飞行事故，则对行为人予以行政处分，不能追究其处罚。

（3）严重后果必须是违章行为引起的，二者之间存在因果关系。违反规章制度，致人重伤、死亡或者使公私财产遭受重大损失的行为，必须发生在从始发机场准备载人装货至终点机场旅客离去、货物卸完的整个交通运输活动过程中。

2）重大飞行事故罪的主观因素

（1）本罪的主体为特殊主体，主体必须是航空人员。根据《中华人民共和国民用航空法》的规定，航空人员，是指从事民用航空活动的空勤人员和地勤人员。空勤人员包括驾驶员、领航员、飞行通信员、机械员、乘务员，地勤人员包括民用航空维护人员、空中交通管制员、飞行签派员、航空台通信员。因为他们担负的职责同交通运输安全直接相关，一旦不正确履行自己的职责，都可能造成重大事故。

（2）本罪在主观方面表现为过失，包括疏忽大意的过失和过于自信的过失。这种过失主要是指行为人对危害后果的态度而言。行为人在违反规章制度上可能出于故意，但他对于发生飞行事故的严重后果则是过失的，即他应当预见而未预见到可能发生严重后果，或者虽然预见，但轻信可以避免，以致发生了严重的后果；如果出于故意，就不构成本罪，而属于其他犯罪了。

▌课堂互动▌

角色扮演

随机选取班上几名同学，演出电影《中国机长》遇险片段，随后进行小组讨论。探讨在这一片段中，民航人员的所作所为体现了哪些权利和责任？

▌思考与练习▌

法律规定机长有哪些职责？

章末小结

在民航运输中，民航人员既是航空活动的组织者，又是提供航空运输的服务者，本章通过介绍民航人员的组成及其承担的法律责任，让学生了解民航人员的资格管理制度与培训制度，并熟悉机长与机组人员在飞行过程中的法律职责，从而明确作为乘务人员的职务定位，更好地为飞行服务。

第五章　民用航空机场

学习目标

1. 了解民用航空机场的相关内容。
2. 了解民航机场管理体制及管理制度。
3. 掌握民用航空机场的概念。

关键词

民用航空机场；安全管理；制度与法律

知识框架

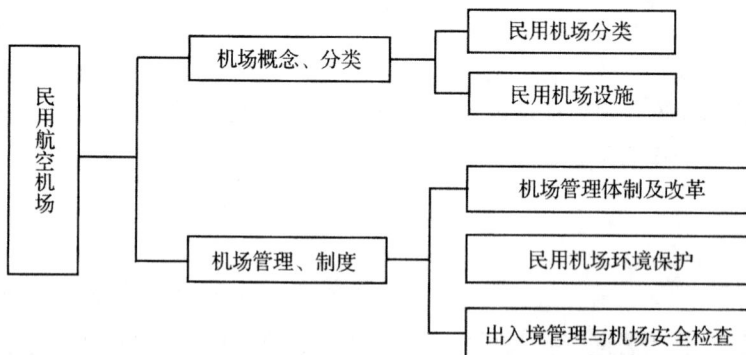

任务导航

2005 年 5 月 25 日 7 时 50 分，东方航空公司甘肃分公司一架空客 A320 飞机在执行航班任务从敦煌机场起飞时，一名 15 岁的男孩从飞机起落架舱内坠落，当场死亡。经查，死者为来敦煌打工的四川籍男孩。关于此事件的赔偿问题，就有以下九种观点。

观点一：东方航空公司与机场是利益关系，在此事件中应该承担主要过错责任；按照《中华人民共和国民事诉讼法》（以下简称《民事诉讼法》）的有关规定，即使其不承担主要过错责任，最起码也要承担无过错赔偿责任。

观点二：机场上级法人单位应该承担过错责任：

1. 机场的安全防范措施不到位；

2. 机场的监控设施形同虚设，没有专业的监控人员；

3. 机场的安全制度没有得到落实，24 小时监控制度更是纸上谈兵；

4. 机场没有在周围设立明显的警示标志；

5. 坠机少年进入机场没有被人发现并加以制止。

观点三：坠机少年不满 16 岁，他与他的监护人对机场和飞机等相关知识知之甚少，因此，坠机少年不应承担任何责任，监护人只在法律上承担次要责任。

观点四：发生这样重大的事件，给国家和当事人造成了巨大的经济和精神损失，对航空业的发展和人们对航空业的认识设置了障碍，应该追究相关责任人的刑事责任、民事赔偿责任和行政责任。

观点五：机场方面应该以此事件为戒，警钟长鸣。

观点六：少年坠机事件的发生应唤起全社会都来监护、保护未成年人的思想意识。律师认为，全社会应该承担起对未成年人进行经常性宣传教育和安全预防教育的责任，加强未成年人的安全意识和法律意识，以消除各种安全隐患。

观点七：机场妥善对待赔偿问题是挽回负面影响的最后的努力。律师说，虽然他到敦煌时间不长，但他已耳闻目睹了机场方面消费出手阔绰，而对赔偿问题十分"抠门"的不少"新闻"，他认为现在机场已失去了最后的机会。

观点八：受害人是弱势群体，机场方面责任难避，对待赔偿问题最好的办法就是遵循"依法、讲理、有情"的原则，三者缺一不可。

观点九：诉讼不是目的，只是一种"被逼无奈"的手段。中国人民大学法学院教授杨立新在接受记者采访时说。儿童扒乘飞机造成损害，受害人自己首先应当负有责任。受害人是未成年人，但他的监护人没有尽到责任，是明显的过错。机场是实行严格管理的区域，任何人都不得随意进入。擅自进入机场，造成自己的损害，应当责任自负。即使儿童未成年，但他的监护人应该有这方面的监管和约束义务，应当自己承担责任。机场方面坚持自己没有过错，不承担责任，也有自己的道理。根据《民用航空安全保卫条例》，随意进入机场要受处罚。但机场确实存在过失，至少有两个很明显的疏忽：一是没有严格管理，让儿童随便进入了机场；二是飞机的例行检查有疏忽，对起落架舱没有认真检查。确定机场应当承担适当的责任，对于保护儿童、提高机场的安全防范质量、保障安全飞行，都有重大意义。根据侵权行为法的过失相抵原则，受害人的监护人有重大过失，应当承担主要责任，机场方面有过失，应当承担适当的责任。这样处理机场和受害人监护人的责任，才是比较公平的。

后据《兰州晨报》消息，敦煌机场少年坠机事件的赔偿问题及善后处理事宜几经周折，在历时 35 天后终于有了结果。7 月 1 日，死者的父亲和叔叔在获赔 11 万元、安葬骨肉之后踏上返乡路，这一事件至此画上句号。

据悉，本次达成的协议主要有 5 点：

1. 坠机少年在本次事件中属非法侵入航空器和机场安全控制区，由于其已死亡，不再承担责任；

2. 机场为死者家属补偿 7 万元，加上其他费用共 11.36 万元；

3. 死者的丧葬费和家属到敦煌的花费由其家人自己承担；

4. 家属不再追究东方航空公司的责任；

5. 双方达成协议后不得悔约，家属若毁约要返还补偿金。

导航思考

请分别站在坠机少年亲属、敦煌机场、东方航空公司的立场上，阐述对坠机事件赔偿问题的看法和理由。

第一节　民用航空机场概述

一、机场的定义

关于机场的概念，各国立法表述不尽一致。1944年《芝加哥公约》附件14把机场的定义表述为"在陆地上或水面上一块划定的区域（包括各种建筑物、装置和设备）其全部或部分意图供飞机降落、起飞和地面活动之用"。

我国《民用航空法》第五十三条对民用机场的定义为，民用机场是指专供民用航空器起飞、降落、滑行、停放及进行其他活动使用的划定区域，包括附属的建筑物、装置和设施。本法所称民用机场不包括临时机场。

民用机场主要由飞行区、旅客航站区、货运区、机务维修设施组成，此外还包括供油设施、空中交通管制设施、安全保卫设施、救援和消防设施、行政办公区、生活区、生成辅助设施、后勤保障设施、地面交通设施及机场空域等。

二、机场的分类

机场从使用性质上可分为民用机场、军用机场和军民合用机场。航空法中的机场一般特指民用机场。

我国的民用机场分为国际机场和国内机场。

国际机场是指向国际民用航空组织登记并对外开放，可以接受外国航空器起降或备降的机场。我国的国际机场又可分为国际定期航班机场（含国家门户机场）、国际定期航班备降机场、国际不定期飞行机场、国际不定期飞行备降机场和国际通用航空机场（我国暂不设）。

国内机场是指我国国际机场以外的一切其他机场，包括香港特别行政区、澳门特别行政区及中国台湾地区航线机场，国内航空干线机场，国内航空支线机场及国内通用航空机场。

依据机场所服务的航线和规模，我国的民用机场习惯上可以分为三类。第一类是连接国际、国内航线的密集的大型枢纽机场，如北京首都机场、上海浦东机场、广州白云机场、香港赤鱲角机场、澳门机场等，它们是中国最主要的国际门户机场。第二类是以国内航线为主，空运吞吐量较为集中的国内干线机场，主要是指省、自治区、直辖市首府及重要工业、旅游、开放城市的机场，如合肥机场、张家界机场等。第三类是地方航线或支线机场，大多分布在各省、自治区地面交通欠发达地区，规模较小，等级也较低，如西藏机场。

根据机场的使用范围，我国的民用机场可以分为运输机场、通用航空机场、试飞机场、训练机场和航空俱乐部机场。运输机场是指从事民用航空运输经营活动，同时也可用于通用航空活动的机场；通用航空机场是指为工业、农业、林业、牧业、渔业生产和国家建设服务的作业飞行，以及从事医疗卫生、抢险救灾、海洋及环境监测、科学试验、教育训练、文化体育及游览等项工作活动之用的机场；试飞机场是指为飞机研制、修理后进行试飞的工厂专用机场；训练机场是指民航飞行院校为培养和训练民航飞行人员的专用机场；航空俱乐部机场是指专供航空俱乐部所属会员训练、比赛用的机场。

三、机场的管理法规

机场作为保障航空安全的重要基础设施，如何布局、建设、管理和经营，以及处理与周围环境的关系，都需要在法律上加以规范，并以此作为机场进行相关活动的依据和保障。机场设在一国领域内，所产生的社会关系，主要由该国的国内法来调整，但应尽可能地采用国际规范和通行做法，以求得技术标准和法律规范在可行的范围内最大限度的统一。然而对于机场的经营，国际上却没有统一的规定。

我国现行调整机场的法律规范主要是《民用航空法》。该法第六章"民用机场"共17条，包括民用机场的概念、民用机场的布局和建设规划的审批程序、新建和扩建民用机场的公告程序、民用机场的安全保卫及净空保护、障碍物的清除、民用机场使用许可证的申请条件及审批程序、国际机场开放使用的特殊条件及审批程序、民用机场保证安全及搞好服务工作的原则要求、民用机场的环境保护、使用民用机场及其助航设施的使用费和服务费及民用机场的废弃或改作他用的报批程序等内容。国家其他法律中涉及机场的内容亦须遵照执行。国家还发布了一批有关机场管理的行政法规及大量的民用航空规章。此外，各个机场都有自己的管理细则和机场使用细则，结合实际情况实施机场管理。

四、机场的法律地位

机场法律地位主要指的是民用机场的法律地位。军用机场所适用的规则和管辖与民用机场的规则和管辖是不同的。涉及民用机场的法律问题通常有以下四个方面。

（一）机场的所有权

在航空法中，机场在性质上是民用的，从其所有权的属性来看，机场的所有权既可以归国家所有，也可以归私人所有，还可以两者兼有。例如，美国的机场大多数为私人所有，欧洲的机场则大都由政府保持一定程度的控制。

我国民用机场从其所有权性质上看，也正逐渐地实行改革，随着机场管理权和经营权的下放，也正在按照现代企业的要求逐步向法制化的轨道迈进。2002年3月，国务院制定印发了《民航体制改革方案》，开始走"机场属地化"之路。中国民航局不再管理这些机场的日常运营，而由地方政府自负盈亏。尽管在改革前后，行业亏损的局面并没有明显改变，但属地化无疑加强了地方对机场的责任感，提高了各经营主体的自主权，机场开始向企业化的市场主体转变。

（二）机场经营人的法律责任

当由于机场的原因导致航空事故发生时，机场经营人一般应当承担民事责任。从各国现行的航空法的规定来看，对机场承担责任的方式有所不同。国际上也没有统一的规定。就我国而言，对机场法律责任问题的规定更是十分欠缺。

目前关于机场的法律责任问题，主要集中在行政责任和刑事责任方面。这与我国传统的机场管理体制有关。如何完善机场的民事法律责任制度，对机场的长远发展和相对人权益的保护都有重大意义。

（三）机场管理的法律形式

从各国对机场的投资与管理体制进行分析，依据不同国情而各不相同，即使在同一国家内，不同机场的体制也不相同。但在具体管理和运作方式上，却存在广泛的同一性，即普遍采用市场化运作模式。无论是国家投资、法人投资还是私人投资兴建的机场，最终都以机场公司的形式进行运作，而不作为公共事业由国家直接管理，这也是近年来国际上机场建设与管理的发展趋势。

2004年7月8日，甘肃省内的兰州、敦煌、嘉峪关和庆阳4家机场正式划归地方管理，至此，我国内地除了北京首都机场和西藏自治区境内的机场之外，所有民航机场都已经归属地方政府管理。在此之前，全国大部分地区的机场都已经完成了这些步骤。原来由中国民航局直接管理的93家机场的国有资产和人员平稳地移交给了地方政府，移交之后中国民航局对这些机场只实行行业管理。

（四）机场与使用人（航空公司）之间的关系

从航空公司的角度来看，需要机场为其提供飞机起降的跑道、机场的滑行道、停机坪；提供旅客上下飞机的廊桥、登机梯、摆渡车等；提供飞机的指挥与引导、飞机的监护及机务服务；提供货邮及行李装卸服务；提供基本值机服务的离港系统、安全检查服务的安检系统及候机的场所与设施；提供后台服务的配载系统及空中交通管制系统，或者柜台租赁服务等。在实际服务管理中，这些服务管理内容有可能出现多种关系：一是航空公司将这些服务委托给机场代理，在这种模式下，航空公司不但需要向机场交纳起降费、停场费、旅客服务费等航空性收费，还需要向机场交纳其他非航空性收费，这是航空公司认为机场是资源垄断者的主要起因；二是航空公司租赁柜台与场地的自行服务，在这种模式下，航空公司只需向机场交纳租赁费，在基地机场甚至不需要交纳任何费用，这是机场将航空公司视为竞争者的直接原因；三是航空公司将这些服务委托给第三方代理，在我国，严格意义上的第三方代理还不多见（主要是由机场或其他航空公司代理），更多的只是一种变通的方式。但是，这是解决航空公司与机场之间利益纷争的最佳途径，也是未来机场向管理型发展的主要服务管理模式。

运用所学关于民用机场的分类标准，分组谈谈我们学院所在地的机场和家乡所在地的机场分别属于哪一类，各有什么特点。

每组至少选出 2 名同学参加发言，由教师进行总结或引导学生进行评价总结。

思考与练习

1. 什么是民用机场？
2. 试谈谈机场与航空公司的关系。

第二节　民用航空机场的管理

民用机场是民用航空活动的主要场所，把民用机场的管理纳入法制化轨道，对于保证民用航空飞行安全，提高服务质量，以及促进我国民用航空事业实现持续、快速、健康发展的良性循环具有重要意义。

一、民用机场的管理体制

1993 年 7 月 13 日第 34 号民航总局令发布《民用机场运营管理暂行办法》，第三条明确规定中国民航总局对全国民用机场实施行业管理。

民航地区管理局根据有关规定和中国民航总局的授权，行使其所辖范围内的民用机场监督管理职能。与此同时，中国民航总局还曾经是机场的投资者和经营者，但这种管理模式有局限性，没有发挥地方的积极性。

2003 年 9 月 4 日，国务院批复中国民航总局《省（区、市）民航机场管理体制和行政管理体制改革实施方案》。按国务院批准的方案，除了早先移交的机场之外，93 家机场（北京首都国际机场和西藏自治区的机场不在这次移交之列）在 2004 年内移交地方政府管理。

2004 年 7 月 8 日，随着中国民航总局将甘肃省内的 4 个机场移交甘肃省人民政府管理，标志着民航机场体制改革的完成。从机场移交之日起，对机场的安全生产和空防安全工作，机场所在的省（区、市）政府承担领导责任，机场管理机构承担直接责任，中国民航局、民航地区管理局承担行业管理责任。移交比较早的上海市通过地方立法，规定了相关部门对机场管理的职能。

二、民用机场的使用许可制度

我国民用机场使用许可制度建立得比较早，1998 年 10 月 15 日就曾发布施行民用机场相关使用许可规定，2005 年 8 月 31 日中国民用航空总局正式发布《民用机场使用许可规定》，2018 年 8 月 27 日交通运输部制定通过《运输机场使用许可规定》，自 2019 年 1 月 1 日起施行，同时废止了原民航总局制定的《民用机场使用许可规定》。2019 年 10 月交通运输部又对《运输机场使用许可规定》进行修改，从 2020 年 1 月 1 日起实行。规定要求民用机场取得使用许可证方可开放使用，取得使用许可证并已开放使用的机场，机场管理机构不得擅自关闭机场。规定了机场使用许可管理和使用许可证的有关内容。该规定适用于民用机场和军民合用机场的民用部分的使用许可管理及相关活动，但不适用于临时机场。

（一）机场使用许可管理机构

中国民航局负责对民用机场使用许可及其相关活动的统一管理和持续性监督检查，包括五个方面的内容：①制定有关规章、标准，并依法监督检查机场运行情况；②审批并颁发飞行区指标为 4E（含 4E）以上运输机场的民用机场使用许可证；③负责运输机场名称的批准；④设立国际机场的审核；⑤法律、行政法规规定的其他有关职责。

民航地区管理局负责对所辖区域内的民用机场使用许可实施监督管理。其监督管理工作包括以下内容：①根据中国民航局授权审批颁发本辖区内飞行区指标为 4D（含 4D）以下运输机场和通用机场的民用机场使用许可证；②负责本辖区内通用机场名称的批准；③监督检查本辖区内民用机场的运行情况；④中国民航局授权的其他职责。

（二）机场使用许可证

我国《民用航空法》规定，民用机场应当持有机场使用许可证方可开放使用。

使用许可证的内容主要包括机场名称、机场所有者法定代表人、机场管理机构名称、飞行区指标、可使用机型、使用许可证编号、机场管理机构法定代表人、机场使用性质、道面等级号、消防救援等级、跑道运行类别、目视助航条件等。

（三）机场使用手册

民用机场的使用手册是随同民用机场使用许可证一并批准机场运行的基本依据，机场管理机构应当严格按照手册的相关规定运行和管理机场。机场管理机构应当对手册实行动态管理。民用机场使用手册应当包括以下主要内容：

（1）编制民用机场使用手册的目的和适用范围，对手册的使用管理要求，机场管理机构的责任，机场管理机构（法定代表人）的承诺。

（2）描述机场安全管理系统，包括机场内设的组织机构、人员及其职责，机场安全管理的方针政策，机场安全运行的信息管理和报告制度等。

（3）机场运行程序和安全管理要求，包括飞行区场地管理、目视助航设施及机场供电系统管理、机坪运行管理、机场控制区内车辆及驾驶人员的管理等。

（4）机场应急救援预案，主要包括应急救援的组织机构、人员及其职责，应急救援的具体项目及相应的预案，有关单位的协议分工等。

（5）机场资料及附图，包括跑道与升降带、滑行道、机坪、障碍物、通信、导航、航管、气象等设施的说明及其他图片资料。

三、机场设施管理

(一) 机场场道管理

机场场道与飞机的起降安全直接相关。为了保证民用机场的安全使用，必须制定有关机场场道的技术标准。1944 年《芝加哥公约》附件 14《机场》在这方面作了详细的规定。我国民航局也发布了《民用机场飞行区技术标准》（MH 5001—2006），与附件 14 的内容相适应。

对机场场道的管理主要包括机场道面检查清扫制度、机场道面摩擦特性标准、机场场道的检查维修制度、机场道面的除雪和除冰等。

(二) 航站楼的管理

航站楼包括候机楼和运货中心。机场管理机构对航站楼实施管理，其管理内容包括制定航站楼的整体布局；管理航站楼内的各种设施；对航站楼内的房屋和场地进行管理；负责航站楼内的治安管理；提供其他服务，如医疗救护、问询等服务。

(三) 机场专用设备的管理

机场专用设备，是指为保障航空器飞行和地面运行安全，在民用机场内用于航空器地面保障、航空运输服务等作业的各种专用设备。机场专用设备包括飞行服务设备、航空地面电源、飞行区服务设备等。这些专用设备与机场的各种管理制度相互配合而加以使用，与机场的正常运作有密切的关系。

机场专用设备必须具备使用许可证才能使用，申请许可证必须具备《民用机场专用设备使用管理规定》第七条所列的条件。未取得使用许可证的专用设备不得用于航空器地面保障、航空运输服务等作业活动。

中国民航局负责机场专用设备的使用许可和持续监督管理，民航地区管理局负责对辖区之内在用的机场专用设备实施监督管理。其管理内容主要包括专用设备的定期检验制度，专用设备的日常检查和维护，报告制度等。民航地区管理局应将专用设备的使用安全纳入民用机场运行安全检查范围，并将检查中发现的重大问题及时报告中国民航局。

|| 课堂互动 ||

试结合敦煌机场少年坠机案例分组谈谈我国机场管理的相关制度规定。就此案例你还有什么意见和建议要发表？

各小组选出代表发言，也可以他人补充，由教师总结。

思考与练习

我国民用机场主要实行怎样的管理体制?

第三节　民用航空机场秩序的管理

一、民用机场净空及环境保护

为了保障民用航空活动安全和民用机场有秩序地运行，保护民用机场的净空环境，我国《民用航空法》及《民用机场管理条例》《民用机场运行安全管理规定》对此作了详细规定。

（一）民用机场净空及电磁环境保护

为了保障民用航空活动安全，机场都会依法划定净空保护区域。《民用机场管理条例》第四十六条规定，由机场所在地地区民用航空管理机构和有关地方人民政府划定民用机场净空保护区域；第五十三条规定，由机场所在地地方无线电管理机构会同地区民用航空管理机构确定民用机场电磁环境保护区域。

电磁环境保护区域，是指为保障民用航空无线电台（站）正常工作，按照国家标准划定的用以排除非民用航空的各类无线电设备和非无线电设备等产生的干扰所必需的空间范围。

民用航空管理部门和机场管理机构应当加强对民用机场净空状况的核查。机场所在地县级以上地方人民政府也应当及时采取有效措施，消除对飞行安全的影响。民用航空无线电专用频率受到干扰时，机场管理机构和民用航空管理部门应当立即采取排查措施，及时消除干扰。

此外，对在保护区域内从事的特定活动提出了相应的要求。例如，县级以上地方人民政府审批民用机场净空保护区域内的建设项目，应当书面征求民用机场所在地地区民用航空管理机构的意见；在民用机场净空保护区域内设置22万伏以上（含22万伏）的高压输电塔的，应当按照国务院民用航空主管部门的有关规定设置障碍灯或者标志，保持其正常状态，并向相关监管部门和机场管理机构提供有关资料；在民用机场电磁环境保护区域内设置、使用非民用航空无线电台（站）的，无线电管理机构应当在征求民用机场所在地地区民用航空管理机构意见后，按照国家无线电管理的有关规定进行审批。

（二）民用机场环境保护

一个机场的建设无可避免地会影响到所在区域的生态环境，为把这种负面影响降至最低点，各个国家做了很多努力。我国《民用航空法》第六十七条规定："民用机场管理机构应当依照环境保护法律、行政法规的规定，做好机场环境保护工作。"我国《民用机场管理条例》第五十九条至第六十二条从规划控制、适航标准及技术控制等方面就减少民用航空器噪声等作了较为详细的规定。

（1）明确规定地方政府应当通过规划控制来降低航空器噪声对机场周边地区的影响。《民用机场管理条例》要求民用机场所在地有关地方人民政府制定民用机场周边地区的土地利用总体规划和城乡规划，应当充分考虑民用机场航空器噪声对周边地区的影响，符合机场周边地区噪声环境标准的控制要求。另外，该条例还规定，民用机场所在地有关地方人民政府应当在民用机场周边地区划定限制建设噪声敏感建筑物的区域并实施控制。

（2）要求民用航空器应当符合国家的相关噪声适航标准，否则不得在民用机场起降。要降低航空器飞行造成的噪声污染，必须不断改进航空器的设计和制造，减少航空器的噪声影响，这需要在航空器型号和适航合格审定环节严格控制高噪声飞机的引进与使用。该条例规定，不符合噪声适航标准的民用航空器不得在我国民用机场起降。

（3）规定机场管理机构、航空运输企业、空中交通管理部门等有关单位应当采取技术手段和管理措施控制民用航空器噪声的影响。具体而言，机场管理机构可以商请地方人民政府，合理规划发展用地，控制机场噪声可能造成的影响；航空运输企业可以通过购买、租赁低噪声的新一代航空器取代高噪声的老、旧航空器；空中交通管理部门可以在保证飞行安全和正常运行的前提下，通过修改飞机进港、离港路线或者限制飞机在机场起降时间等措施，减少航空器噪声对附近地区的影响。

二、民用机场安全管理制度

随着民用航空运输业的飞速发展，非法干扰航空活动及航空安全事件日益增多。为了保证航空运输安全，我国《民用航空法》及《民用机场管理条例》规定，民用机场投入使用必须有健全的安全管理制度和符合国家规定的民用航空安全保卫条件，对乘坐民用航空器的旅客及其行李，以及进入候机隔离区或民用航空器的其他人员和物品，必须接受安全检查，以保障民用机场的安全和正常运行。

（一）机场安全管理制度

机场安全管理制度的主要依据是自 2008 年 2 月 1 日起施行的《民用机场运行安全管理规定》，该规定共 14 章 317 条，分别就机场安全管理、飞行区管理、目视助航设施管理、机坪运行管理、机场净空和电磁环境保护、鸟害及动物侵入防范、除冰雪管理、不停航施工管理、航空油料供应安全管理和机场运行安全信息管理等内容进行了详细规定。主要制度有以下两点。

1. 机场安全管理组织

《民用机场运行安全管理规定》第三条规定："机场管理机构对机场的运行安全实施统一管理，负责机场安全、正常运行的组织和协调，并承担相应的责任。航空运输企业及其他驻场单位按照各自的职责，共同维护机场的运行安全，并承担相应的责任。中国民航局对全国机场的运行安全实施统一的监督管理。民航地区管理局对本辖区内机场的运行安全实施监督管理。"

2. 机场安全管理制度

机场安全管理制度，根据 CCAR-140《民用机场运行安全管理规定》第十一条至十七条的规定，主要有以下五个方面。

（1）安全生产例会制度。机场管理机构应当定期召开安全生产分析会，对前一阶段的工作进行总结，对以后的工作进行部署，并对机场运行中出现不利于安全运行的因素或者已经出现的安全生产事故及时制定切实可行的安全措施。

（2）安全状况定期评估制度。机场管理机构要组织具有机场运行管理经验的人员或委托专业机构对机场的运行安全状况进行定期评估。根据规定，对评估中发现的安全隐患、薄弱环节，相关单位应当制订整改计划，明确整改的部门和人员，机场管理机构负责跟踪督促、落实整改计划。《民用机场运行安全管理规定》第四十四条规定，机场管理机构应当至少每 5 年对跑道、滑行道和机坪道面状况进行一次综合评价。第九十一条规定，机场管理机构应当定期对机场目视助航设施进行评估，以避免因滑行引导灯光、标志物、标志线、标记牌等指示不清、设置位置不当产生混淆或错误指引，造成航空器误滑或者人员和车辆误入跑道、滑行道的事件。

（3）机场资料库制度。机场管理机构应当建立并及时更新和补充机场资料库，以供员工查阅和使用。资料库应当包括国家有关法律法规、民航规章、标准及其他规范性文件等。应包括 1944 年《芝加哥公约》及相关附件、手册，机场建设和改（扩）建的设计图纸和文件资料，与机场运行安全相关的所有规定、标准、手册等文件，机场设施设备的技术资料及运行和维护记录等。机场管理机构还应当依据法律法规、民航规章和标准编制民用机场使用手册。手册应当具有可操作性、实用性，能满足机场运行安全管理工作需要，有利于不断提高机场的安全保障能力和运行效率。

（4）定期检查检测制度。机场管理机构应当依据有关规定，建立定期检查检测制度。检查检测制度应当包括检查周期、检查内容、通报程序和检查记录等。《民用机场运行安全管理规定》对跑道、助航灯光系统、机坪、电磁环境保护、不停航施工等都有定期检查检测的相关规定。机场管理机构还应当制定各项工作的记录，详细记录各项检查和维护情况。

（5）人员资质及培训制度。机场内所有与运行安全有关岗位的员工均应当持证上岗，该岗位人员应当持有相应的资格证书。机场管理机构还应当建立员工培训和考核制度。培训和考核的内容应当与其岗位相适应，包括必备的安全知识、技术标准、机场运行安全的规章制度、岗位的操作规程和实际操作技能等。保证员工具备必要的机场运行安全知识，熟悉机场运行安全相关的规章制度和操作规程，掌握本岗位的操作技能。机场管理机构应当建立员工培训和考核记录，并长期保存。《民用机场运行安全管理规定》第一百四十条规定，所有在机坪从事保障作业的人员，均应当接受机场运行安全知识、场内道路交通管理、岗位作业规程等方面的培训，并经考试合格后，方可在机坪从事相应的保障工作。

（二）民用机场的安全保卫制度

民航空防安全与飞行技术安全是民用航空安全的两大组成部分，两者缺一不可，共同构成民航工作的永恒主题。在航空安全的各种因素中，一般认为起主要作用的是航空器本身的性能及技术操作水平，即飞行技术安全问题。民航安全的另一重要组成部分是空防安全，其核心是防止人为干扰、破坏飞行安全的行为。民航运输的特点决定了民航地面设施及民用航空器容易成为违法犯罪的目标，且由于破坏民航飞行带来的后果十分严重，凸显出民航空防安全管理的极端重要性。

从 20 世纪 60 年代起，国际民航组织先后召开了多次会议，订立了一系列预防、惩治危害国际航空安全犯罪的公约。这些公约包括 1963 年《东京公约》（即《关于在航空器内的犯罪和其他某些行为的公约》）；1970 年《海牙公约》（即《关于制止非法劫持航空器的公约》）；1971 年《蒙特利尔公约》（即《制止危害民用航空安全的非法行为的公约》）；1988 年《蒙特利尔补充议定书》（即《制止在用于国际民用航空的机场发生的非法暴力行为以补充 1971 年 9 月 23 日订于蒙特利尔的制止危害民用航空安全的非法行为的公约的议定书》）等。

我国国内法的主要依据是国务院于 1996 年 7 月 6 日颁布的《民用航空安全保卫条例》、中国民航局制定的自 1999 年 6 月 1 日起施行的《中国民用航空安全检查规则》和自 2008 年 11 月 8 日起实施的《公共航空旅客运输飞行中安全保卫规则》等。

（三）民用机场的安全保卫管理组织体系

我国的航空保卫实行的是三级管理组织体系。

第一级是中国民航局公安局。我国《民用航空安全保卫条例》第三条规定："民用航空安全保卫工作实行统一管理、分工负责的原则。民用航空公安机关（以下简称"民航公安机关"）负责对民用航空安全保卫工作实施统一管理、检查和监督。"中国民航局公安局作为中国民航保安主管部门，统领中国民航局的航空保卫工作，负责制定航空保卫政策和规章，并且监督其在全国的贯彻执行。

第二级是民航地区管理局公安局。民航地区管理局公安局负责航空保安政策和规章在本地区的贯彻执行并对辖区内的航空公司、机场等执行航空保安规章情况进行监督检查。

第三级是民航各地区管理局派驻各省的航空安全监察管理局设的航空保安处。

航空保安处负责航空保安工作的日常监管，具体工作由监察员执行。根据《中国民用航空监察员规定》，执行监察工作的人员须经专业培训，取得中国民航局颁发的"中国民用航空监察员证"后方能依法履行政府监督管理职能。其主要职责范围包括检查监督航空企业和个人贯彻执行民航法律、行政法规、规章和规范性文件的情况；主持或者参与事故、纠纷的现场调查；对违法行为进行检查处理，并办理行政处罚事项。

（四）旅客、行李和物品等的安全检查制度

多年来，我国民航系统投入了大量人力、物力，不断改善和更新机场航空保安装备设施，建立了严密的安全检查程序和制度。

《中国民用航空安全检查规则》规定："乘坐民用航空器的旅客及其行李，以及进入候机隔离区或民用航空器的其他人员和物品，必须接受安全检查；但是，国务院规定免检的除外。安检工作包括对乘坐民用航空器的旅客及其行李、进入候机隔离区的其他人员及其物品，以及空运货物、邮件的安全检查；对候机隔离区内的人员、物品进行安全监控；对执行飞行任务的民用航空器实施监护。"

对旅客人身和装入航空器的物品实行安全检查是防止非法干扰民用航空活动特别是劫机、炸机的关键环节。旅客、行李和货物的安全检查制度包括对设立安全检查机构实行许可制度；对安检部门使用的安检仪器实行认可准入制度；对机场控制区实行严格的封闭式管理；办理登机手续时核对旅客机票和身份证件；禁止旅客利用机票为他人代运物品；开发和使用安检信息管理系统；实行航空货物特别是危险品安全检查制度等一系列防范措施和制度。

（五）空中反劫机预警制度

我国政府一贯反对任何形式的恐怖主义，主张加强国际合作，实行标本兼治，防范和打击恐怖活动。多年来，我国积极采取各种措施，加强空防安全工作，不断加大反恐力度。我国恪守关于航空保安的国际公约，监督实施国际民航组织在航空保安方面的标准，在制定了一系列有关航空保安的国内法律和规章的同时，还专门制定了《国家处置劫机事件总体预案》，成立了国家级处置劫机事件的指挥机构和从上到下的各级机构。规定了处置劫机事件时各级机构的职责分工、程序及注意事项。各级主管单位及成员单位也制定了相应的反劫机预案。为了进一步健全反劫机预警机制，国家还专门组建了空中警察队伍和航空安全员队伍，坚决预防、制止、打击包括劫机在内的各种形式的恐怖活动和危害航空安全的行为。

（六）航空保安审计制度

航空安全保卫工作关系到国家安全问题，各国政府十分重视。航空保安审计是对机场在航空安全保卫方面进行的全面、客观的检查。按照1944年《芝加哥公约》附件17的第10次修正案规定的标准为基本内容，国际民航组织在188个成员国的支持下，决定从2002年开始，在全球实施普遍航空保安审计计划。该计划的目标是通过确定各缔约国航空保安系统的潜在缺陷、危险，以及为他们改进或解决这些缺陷而提供的推荐性意见，使各个国家的航空保安水平达到国际民航组织规定的标准。航空保安审计是在现行航空保安管理体制下行之有效的工作方式。自2004年国际民航组织对我国北京、西安和昆明机场开展航空保安审计以来，我国民航也从2005年开始对全国机场开展航空保安审计工作，并参照国际民航组织的做法，在中国建立起统一的、系统的、全面的和

强制的航空保安审计制度，以进一步强化政府民航行政管理部门对民用航空各单位的监督检查职能。《国家民用航空保安审计规则》规定我国民航局所属公安局及其派出机构按照规定对机场管理机构、公共航空运输企业等有关单位执行情况进行定期检查，确定执行效果。在定期检查的基础上，每年由中国民航局安排，对选定的机场和公共航空运输企业进行全面的航空保安审计，确保安全保卫措施执行的稳定性和连续性。

三、出入境管理的主要规定

我国有关法律规定了对普通外宾进行"一关四检"的检查制度。

（一）海关检查

海关是国家的门户，是国家出入境管理机构。海关检查，指海关在国境口岸依法对进出国境的货物、运输工具、行李物品、邮递物品和其他物品执行监督管理、代收关税和查禁走私等任务时所进行的检查。我国海关在执行任务时贯彻既严格又方便的原则，既保卫国家的政治、经济利益，维护国家主权，又便利正常往来。

外国人来中国，要接受海关对其入境运输工具和行李物品的检查。进出中国国境的外宾应将携带的符合规定的行李物品交海关检查。来我国居留不超过6个月的外宾，携带海关认为必须复运出境的物品，由海关登记后放行。外宾出境时必须携带出境的物品，应向海关登记，由海关发给说明书，以便出境时海关凭证核放。进出国境的外宾携带的行李物品符合纳税规定的应照章纳税。

（二）边防检查

我国海关为维护国家主权和安全，禁止非法出入境，为便利出入境人员和交通畅通，在对外开放的港口、机场、国境车站和孔道以及特许的进出口岸设立边防检查站，对进出国境的人和物进行检查。

（三）安全检查

中国海关和边防站为保证外宾生命和财产安全，禁止携带武器、凶器、爆炸物品，采用通过安全门使用磁性探测检查、红外线透视、搜身、开箱检查等方法，对外宾进行安全检查。

（四）卫生检疫

为防止传染病由国外传入或由国内传出，保护人身健康，各国都制定了国境卫生检疫法。我国根据《国境卫生检疫法》设立了国境卫生检疫机关，在出入境口岸依法对包括旅游者在内的有关人员及其携带的动植物和交通运输工具等实施传染病检疫、检测和卫生监督。只有经过检疫，并经卫生检疫机构许可，才能入出境。

（五）动植物检疫

为了保护我国农、林、牧、渔业生产和人体健康，维护对外贸易信誉，履行国际义务，防止危害动植物的病、虫、杂草及有害生物由国外传入或由国内传出，我国同世界各国制定了动植物检疫的法律。我国海关在边境口岸设立的口岸动植物检疫站，代表国家对出入境的动物、动物产品、植物、植物产品及运载动植物的交通工具等执行检疫任务。旅客应主动接受动植物检疫，并按有关规定入出境。

（六）外国人出入境的法律限制

根据中国法律规定，下列外国人包括旅游者，不准入境：被中国政府驱逐出境未满不准入境年限的；被认为入境后可能进行恐怖、暴力、颠覆活动的；患有精神病、麻风病、艾滋病、性病、开放性肺结核病等传染病的；被认为入境后可能进行走私、贩毒、卖淫活动的；不能保障其在中国所需费用的；被认为入境后可能进行危害我国国家安全和利益的其他活动的。

下列外国人包括旅游者，不准出境：刑事责任的被告人和公安机关或者人民检察院或者人民法院认定的犯罪嫌疑人；人民法院通知有未了结民事案件不能离境的；有其他违反中国法律的行为尚未处理，经有关主管机关认定需要追究的。

▌课堂互动▌

根据以下问题组织学生分组讨论，时间为 10 分钟，然后选出代表回答问题，限时3 分钟，由教师进行评价或引导学生进行评价。也可以在小组之间展开辩论，由教师进行评价或引导学生进行评价。

1. 可以在机场附近放风筝吗？
2. 汽车可以在机场附近大声鸣笛吗？
3. 可以在机场搞恶作剧吗？

▌思考与练习▌

1. 我国民用机场有哪些安全管理制度？
2. 什么是海关检查？"一关四检"制度的主要内容有哪些？

章末小结

通过本章学习使学生掌握了民用机场是指专供民用航空器起飞、降落、滑行、停放及进行活动使用的划定区域，包括附属的建筑物、装置和设施。了解了我国的民用机场分为国际机场和国内机场等内容，为学生从民航法的角度认识机场打下了基础。机场作为保障航空安全的重要基础设施，如何布局、建设、管理和经营，以及处理与周围环境的关系，都需要在法律上加以规范，并以此作为机场进行相关活动的依据和保障。

民航地区管理局根据有关规定和中国民航局的授权，行使其所辖范围内的民用机场监督管理职能。以上内容让学生知道了民用机场的法定管理监督职能。民用机场取得使用许可证方可开放使用。已经取得使用许可证并已开放使用的机场，机场管理机构不得擅自关闭机场。

为了保障民用航空活动安全和民用机场有秩序地运行，保护民用机场的净空环境，确保民用机场安全有序，我国《民用航空法》及《民用机场管理条例》《民用机场运行安全管理规定》《国境卫生检疫法》对此作了相应的详细规定，把握这些法律法规对学生全面深入学习民航法的整体内容很有帮助。

第六章　民用航空运输

学习目标

1. 了解民用航空运输、公共航空运输企业的含义及特点。
2. 了解公共航空运输企业设立的条件及设立程序和运营管理。
3. 掌握民用航空器对地面第三人的损害赔偿。
4. 能够运用所学基础知识对有关案例作出正确的分析。

关键词

民用航空运输；公共航空运输企业；危险品运输；地面第三人

知识框架

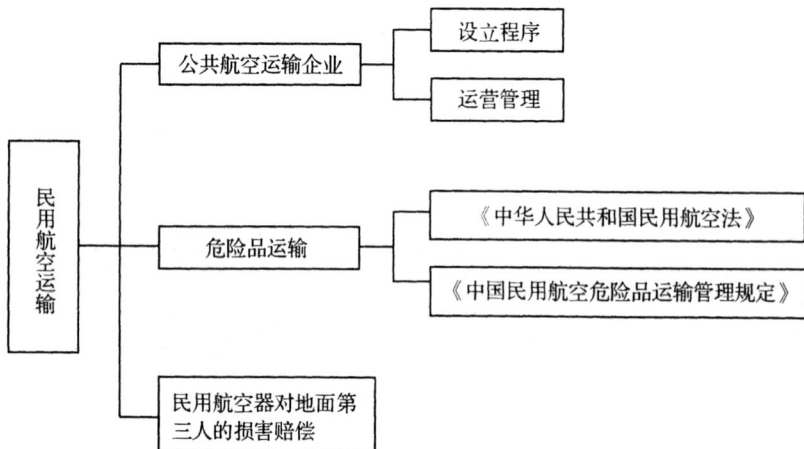

任务导航

案情简介

2004年11月21日8时21分，由内蒙古自治区包头市飞往上海市的MU5210航班，在起飞后不久坠入机场附近南海公园的湖里，包括47名乘客、6名机组人员在内的机上53人全部罹难，同时遇难的还有2名地面公园工作人员。

案件结果

地面遇难者白德金家属已经与东方航空云南公司签订了《"11·21"空难赔偿款支付收据暨责任解除书》，东方航空云南公司共向他们支付了赔偿金人民币39.3万元。东方航空云南公司依据《中华人民共和国民法通则》《中华人民共和国民用航空法》《最高人民法院关于审理人身损害赔偿案件适用法律若干问题的解释》，对地面遇难者白德金家属一次性支付了赔偿金人民币 38 万元。

其中丧葬费 1.2 万元，死亡赔偿金 16.7 万元，食宿交通误工补助费 3 万元，抚慰金 7.5 万元，生活困难补助金 9.6 万元。同时考虑到白德金的家属没有在接待的宾馆食宿，东方航空公司增加了食宿交通误工补助费 1.3 万元。

经过多次协商，中国东方航空云南公司与包头市政府日前就"11·21"空难所造成的南海公园水污染问题达成赔偿协议：双方一致同意南海公园湖水水体污染治理费用为人民币 2140 万元。

导航思考

1. 民用航空器对地面第三人造成损害是否是一种侵权行为？
2. 民用航空器对地面第三人造成损害的，由谁来承担损害赔偿责任？

第一节　民用航空运输的概念

一、民用航空运输的含义及特点

民用航空运输是使用航空器运送人员、货物、邮件的一种运输方式。可以用于运输的航空器有载人气球、飞艇、飞机、直升机等。现代航空运输使用的航空器主要是飞机，其次是直升机。航空运输是现代运输方式。民用航空运输业是物质生产部门，属于第三产业。民用航空运输与铁路、公路、水上和管道运输，是主要的五大运输方式，组成了整个运输业。民用航空运输业既是物质生产部门，又是面向社会的服务性行业。由于民用航空运输不但在经济上具有重要意义，而且在政治上、军事上亦具有重要意义，因此，民用航空运输是一种特殊的商业活动，国家必须在宏观上对民用航空运输实施统一管理。

（一）快速

飞机的飞行速度快。早期的活塞式飞机所达到的最大时速约为 600 公里，进入喷气式飞机时代以后，客机的时速已提高到 1000 余公里。

（二）机动

民用航空运输不受地理条件的限制。飞机可以把任何距离上的两个地理点沟通，对远距离的国际、洲际旅客，可以不用换乘，进行直达运输。

（三）经济效益高

修建机场比修铁路、公路占用土地少、投资省。此外，航空运输平时为国计民生服务，战时，航空器不需任何改装，即可迅速转而为战争服务，是良好的军用和民用结合的交通工具。

（四）民用航空运输"产品"是无形的

民用航空运输生产以运输量或者周转量计算，以人次、吨或者客公里、吨公里为单位。

（五）民用航空运输是服务性行业

民用航空运输遵循"旅客第一""用户至上"的原则，竭诚服务，优质服务。

优质服务的标准是全面性的，是安全、正常、快速、舒适、方便诸要素的高度统一。

（六）民用航空运输业资金密集，是高成本的行业

民用航空运输虽是先导产业，但它的发展状况又取决于整个国民经济的发展水平。经营航空运输业，应努力降低成本，以市场为导向，确定适当的运价水平。

发展航空运输业务，不仅要看企业自身的经济效益，同时应评估社会效益。

二、民用航空运输的主要形式

（一）从运输性质及适用法律的不同来分，民用航空运输可分为国内运输和国际运输

国内航空运输完全适用国内法的规定。国际航空运输除应适用国内法的有关规定外，还应适用国际法的有关规定。在我国，当国际法与国内法有不同规定的时候，可以适用我国缔结或者参加的国际条约的规定；国内法和国际条约没有规定的，可以适用国际惯例。

国内航空运输和国际航空运输在公法上和私法上划分的标准是不一致的，其意义也就不同。在公法上，按照《国际民用航空公约》的规定，国际航空运输是指"经过一个以上国家领土之上的空气空间的航班"所进行的运输（第九十六条）。因此，完全在一国领土之内进行的航空运输，即是国内航空运输。在私法上，划分国内航空运输和国际航空运输的标准依照经 1955 年《海牙议定书》修正的 1929 年《华沙公约》的规定，即"本公约所称的'国际运输'，系指根据各当事人所订的合同约定，不论运输中有无间断或转运，始发地点和目的地点是在两个缔约国的领土内，或者在一个缔约国领土内而在另一个缔约国、甚至非缔约国的领土内有一个约定的经停地点的任何运输"（第一条第二款）。

《中华人民共和国民用航空法》第一百零七条和第一百零八条规定："本法所称国内航空运输，是指根据当事人订立的航空运输合同，运输的出发地点、约定的经停地点和目的地点均在中华人民共和国境内的运输。"

"本法所称国际航空运输，是指根据当事人订立的航空运输合同，无论运输有无间

断或者有无转运，运输的出发地点、目的地点或者约定的经停地点之一不在中华人民共和国境内的运输。"

"航空运输合同各方认为几个连续的航空运输承运人办理的运输是一个单一业务活动的，无论其形式是以一个合同订立或者数个合同订立，应当视为一项不可分割的运输。"

（二）根据管理方式及法律规定的不同，民用航空运输可分为定期航空运输和不定期航空运输

定期运输一般称"定期航班"，又称"定期飞行"，是指按照公布的时刻由预定的飞行实施、对公众开放的收费航班；不定期运输又称"不定期航班""不定期飞行"，指飞行时间不固定、时刻不予公布、公众可以乘坐的收费航班。划分定期运输和不定期运输源于1944年芝加哥国际民用航空会议。《国际民用航空公约》第六条和第五条规定："除非经一缔约国特准或其他许可并遵照此项特准或许可的条件，任何定期国际航班不得在该国领土上空飞行或进入该国领土。"而"缔约各国同意其他缔约国的一切不从事定期国际航班飞行的航空器，在遵守本公约规定的条件下，不需要事先获准，有权飞入或飞经其领土而不降停，或作非商业性降停，但飞经国有权令其降落"。

这两条规定明显地将航空运输划分为定期和不定期航班并实行不同的管理办法，因而需要明确划分标准，但公约又没有就此下定义。因此，国际民用航空组织理事会于1952年3月25日通过了"定期国际航班的定义"，供各缔约国在适用公约第五条和第六条时参照。该定义于1980年经国际民用航空组织第2届航空运输会议修订，并于同年9月在国际民用航空组织大会第23届会议上批准。

课堂互动

分小组举例说明民用航空运输的含义及特点。

思考与练习

背诵民用航空运输的含义及特点。

第二节　公共航空运输企业的行业管理

民用航空运输是在航空承运人与消费者之间进行的一种服务交换活动。公共航空运输作为一种企业，其产品表现为生产过程在流通过程中的延续，产品形态是运输对象在空间上的位移，通过航空运输使用人的购买完成其商品属性。学习本节内容，应当把握航空运输的概念和特点；掌握公共航空运输企业的定义和特点，领会公共航空运输企业的设立条件和程序的规定；掌握芝加哥公约体制和华沙公约体制以及双边航空运输协定的主要内容。

一、公共航空运输企业的概念与特征

（一）公共航空运输企业的概念

我国《民用航空法》第九十一条规定，公共航空运输企业，是指以营利为目的，使用民用航空器运送旅客、行李、邮件或货物的企业法人。从上述规定可以得出，公共航空运输企业是持续存在的，以为社会提供具有公共性质的产品和服务为其主要经营活动的，且具有一定赢利目标的，受到政府特殊管制措施所制约的，组织化的经济实体，而不论这些经济实体是否存在与国家或政府之间的资本联系。

（二）公共航空运输企业的特征

1. 公共航空运输企业向社会提供具有公共性质的产品和服务

按照我国《民用航空法》规定，其首先是向社会提供服务，即为一切中外旅客、货主提供运输服务。其次，其提供的服务是具有公共性质的，即其关涉社会的安全，受到政府特殊管制措施制约。在提供服务的过程中，应当以保证飞行安全和航班正常，提供良好的服务为准则，采取有效措施，提高运输服务质量。

2. 公共航空运输企业具有一定赢利目标

公共航空运输企业虽然是为社会提供具有公共性质的产品和服务，但是，作为一种企业的类型，其是以营利为目的。由于航空运输业投资巨大，资金、技术、风险高度密集，任何一个国家的政府和组织都没有相应的财力，像贴补城市公共交通一样去补贴本国的航空运输企业。出于这个原因，航空运输业在世界各国都被认为不属于社会公益事业，都必须以营利为目标才能维持其正常运营和发展。

3. 公共航空运输企业以运送旅客、行李、货物或者邮件为经营方式

公共航空运输企业区别于其他交通运输企业（如海上运输、铁路运输、公路运输等）的一个主要标志就是，公共航空运输企业的经营方式，是直接以民用航空器运送旅客、行李、货物或者邮件。没有民用航空器的企业，不属于公共航空运输企业的范畴。

4. 公共航空运输企业是企业法人

公共航空运输企业的设立应具备法律规定的条件，其组织形式依照我国《公司法》的规定。

二、公共航空运输企业的设立

（一）公共航空运输企业设立的条件

世界各国立法都对公共航空运输企业的设立条件做出了严格的规定，这主要是因为公共航空运输企业是为社会公众提供具有公共性质的产品和服务，涉及社会的整体安

全，因此它必须受到政府特殊管制措施的制约。

我国《民用航空法》第九十三条规定，设立公共航空运输企业，应当具备下列条件。

1. 有符合国家规定的适应保证飞行安全要求的民用航空器

民用航空器是公共航空运输企业从事航空运输的最基本工具。航空运输一旦发生危险，损失是灾难性的，因此，各国为了保证企业所使用的民用航空器适应飞行安全的需求，对民用航空器的适航管理均有严格规定。

2. 有必需的依法取得执照的航空人员

航空人员是公共航空运输企业从事航空活动所必需的。航空人员不仅是设立公共航空运输企业的条件之一，也是公共航空运输企业保证安全运营的基本责任主体。我国《民用航空法》第五章第三十九条至第四十二条明确规定了对航空人员的要求。各类航空人员应当接受专门训练，经考试合格，取得民用航空主管部门颁发的执照，方可从事所载明的工作。航空人员所持有的执照应当是现行有效的。执照的持有人必须按照法律、行政法规及规章规定的时限，定期接受检查和考核，经检查、考核、带飞合格的，方可继续担任其执照载明的工作。

3. 有不少于国务院规定的最低限额的注册资本

民用航空运输企业属于高投入、高风险的行业，对民用航空运输业的主体——公共航空运输企业在法律上规定其最低限额的注册资本，对于保证其开展经营活动，对外能够承担债务责任是十分必要的。我国《民用航空法》并未直接规定最低限额注册资本的具体数额，而是授权国务院具体规定。一般要求最低限额注册资本是8000万元人民币。按照《公共航空运输企业经营许可规定》的规定，购买或租赁符合相关要求的民用航空器不能少于3架。巨大的先期投入给进入这一行业设置了一个较高的门槛，以使其有足够的资金保障。

4. 设立公共航空运输企业应当具备法律、行政法规规定的其他条件

公共航空运输企业的设立，不仅要符合民用航空法律制度所规定的企业运营的基本条件和要求，同时作为企业也应当符合国家有关企业设立的各项规定和条件要求。我国《公共航空运输企业经营许可规定》中关于公共航空运输企业设立的条件中规定：

第六条 设立公共航空运输企业应当具备下列条件：

（一）不少于3架购买或者租赁并且符合相关要求的民用航空器；

（二）负责企业全面经营管理的主要负责人应当具备公共航空运输企业管理能力，主管飞行、航空器维修和其他专业技术工作的负责人应当符合涉及民航管理的规章的相应要求，企业法定代表人为中国籍公民；

（三）具有符合涉及民航管理的规章要求的专业技术人员；

（四）不少于国务院规定的注册资本的最低限额；

（五）具有运营所需要的主运营基地机场和其他固定经营场所及设备；

（六）民航局规定的其他必要条件。

第七条　外商投资设立公共航空运输企业，应当符合外商投资民用航空业规定所规定的投资比例及其他要求。

第八条　具有下列情形之一的，民航局不受理设立公共航空运输企业的申请：

（一）不符合本规定第四条第（一）、（二）、（三）项的规定；

（二）湿租我国现有公共航空运输企业或者外国公共航空运输企业的民用航空器用以筹建公共航空运输企业；

（三）民用机场、空中交通管理、航空器制造、航油供应、民航计算机信息等与公共航空运输企业有直接关联关系、可能影响航空运输市场公平竞争的企业或单位，单独设立或者违反规定参股设立公共航空运输企业；

（四）不符合民航局规定的其他条件。

（二）公共航空运输企业的组织形式与组织机构

《中华人民共和国民用航空法》第九十四条第一款规定，公共航空运输企业的组织形式、组织机构适用《公司法》的规定。我国《公司法》规定的公司组织形式有两种，即有限责任公司和股份有限责任公司。所谓有限责任公司是指股东以其出资额为限对公司承担责任，公司以其全部资产对公司债务承担责任；所谓股份有限公司是指其全部资本为等额股份，股东以其所持股份为限对公司承担责任，公司以其全部资产对公司债务承担责任。国有独资公司是属于公司法上规定的有限责任公司的一种，它是以国有资产单独设立的有限责任公司。

三、公共航空运输企业运营管理的内容

由于公共航空运输企业是为社会提供具有公共性质的产品和服务，涉及公共安全，所以受到政府特殊管制措施制约，国务院民用航空主管部门对公共航空运输企业依法需要进行运营管理，这主要是航线管理、航空运价管理、航空运力管理、航空安全管理和航空服务质量监督管理。

（一）航线管理

空中航线，是航空运输的航班走向，通常由始发地点、经停地点、目的地点和延伸地点相连接的航迹构成。航线对于任何国家来说都是一种航空资源，都构成航空运输市场，由国家行使支配权和管理权。公共航空运输企业进入航线经营航空运输业务，应首先获得运营权。因此，各国都专门立法规定了对航线的管理。

《中华人民共和国民用航空法》第九十六条规定，公共航空运输企业申请经营定期航班运输（以下简称航班运输）的航线，暂停、终止经营航线，应当报经国务院民用航空主管部门批准。公共航空运输企业经营航班运输，应当公布班期时刻。

（二）航空运价管理

航空运价分为客运价和货运价，是指旅客、行李和货物运输的价格（或应付的款

额）和适用这些运价（或应付的款额）的条件，包括代理服务和其他辅助服务的价格（或应付的款额）和条件，但邮件运输的报酬和条件除外。邮件运输的报酬和条件由航空承运人（或通过民航主管当局）与邮政机构协议确定，国际邮件的运输的报酬和条件还应受国际邮政公约规定的约束。《中华人民共和国民用航空法》第九十七条规定：公共航空运输企业的营业收费项目，由国务院民用航空主管部门确定。国内航空运输的运价管理办法，由国务院民用航空主管部门会同物价主管部门制定，报国务院批准后执行。国际航空运输运价的制定按照中华人民共和国政府与外国政府签订的协定、协议的规定执行；没有协定、协议的，参照国际航空运输市场价格制定运价，报国务院民用航空主管部门批准后执行。

（三）航空运力管理

航空运力是指在一定航线上所提供的运输能力，涉及所使用的航空器大小（业载能力）和飞行的次数（航班次数）。也就是说，航空运力是指航空器在航线或航段上可提供的商业载量，航空运力与航线密切相关，提供的运力应与航空运输市场需求相适应。因此，航空运力管理与航线管理同时进行。根据我国《民用航空法》第九十六条规定，公共航空运输企业经营定期航班运输的航线，需经国务院民用航空主管部门批准。第九十八条规定，从事不定期航空运输，亦需经国务院民用航空主管部门批准，并不得影响航班运输的正常经营。

（四）航空安全管理

对公共航空运输企业而言，航空安全管理包括营业安全管理、飞行安全管理、航空保安管理和航空安全运输管理。

1. 营业安全管理

公共航空运输是一种具有一定公益性质的事业，其地位和特点决定了必须保证营业安全。因此，法律对设立公共航空运输企业明确规定了必备条件，并需经过严格的审批程序。公共航空运输企业只有取得中国民用航空局颁发的"经营许可证"，并持经营许可证进行工商登记取得"企业法人营业执照"后，方可开始营业。

2. 飞行安全管理

公共航空运输企业在设立时，必须拥有一定数量适航的航空器、合格的航空人员及必备的安全保障设施；在营业中，必须保持航空器的适航性，航空人员执照的有效性，各种设施运转的正常性。对此，民用航空主管部门定期和不定期地进行安全检查，实施监督管理。

3. 航空保安管理

为了国家和人民的利益，公共航空运输企业除应保障飞行安全外，还必须依法采取有效的措施，防止非法干扰民用航空活动的发生，并制定安全保卫方案，切实保护旅客、货主的人身和财产安全。对此，《民用航空法》作了规定（见第九十九条和第一百七十六条第二款)。

4. 航空安全运输管理

关于安全运输管理,根据《民用航空法》的规定,划分为四大类。

第一类是禁止运输的。凡法律、行政法规规定的禁止物品,公共航空运输企业一律不得运输,亦禁止旅客随身携带禁运物品乘坐航空器(第一百条第一款和第三款)。第二类是经批准才能运输的。如作战军火、作战物资,只有经国务院民用航空主管部门批准后,公共航空运输企业才能运输(第一百条第二款)。至于什么是作战军火、作战物资,由主管部门规定。

第三类是危险品运输。《民用航空法》第一百零一条规定:①危险品品名由国务院民用航空主管部门规定并公布。②公共航空运输企业运输危险品应严格遵守危险品运输规则。③禁止以非危险品品名托运危险品;禁止将危险品作为托运行李运输。④禁止旅客携带危险品乘坐民用航空器;除因执行公务并按照国家规定经过批准外,禁止旅客携带枪支、管制刀具乘坐民用航空器。

第四类是经过安全检查之后才能运输。除根据规定并办理有免检手续的可以免检的以外,旅客乘坐民用航空器和运输行李、货物都须经过安全检查。公共航空运输企业不得运输拒绝安全检查的旅客;不得违反国家规定运输未经安全检查的行李;对承运的货物必须按照国务院民用航空主管部门的规定进行安全检查或者采取其他保证安全的措施(第一百零二条)。

(五)航空运输服务质量的监督管理

我国《民用航空法》第九十五条规定,公共航空运输企业应当以保证飞行安全和航班正常,提供良好服务为准则,采取有效措施,提高运输服务质量。公共航空运输企业应当教育和要求本企业职工严格履行职责,以文明礼貌、热情周到的服务态度,认真做好旅客和货物运输的各项服务工作。旅客运输航班延误的,应当在机场内及时通告有关情况。这就是要求对航空运输服务质量进行监督管理。

课堂互动

模拟公共航空运输企业申请的情景剧,准备相关材料及相关资料。进行小组 PK。

思考与练习

公共航空运输企业设立的条件。

第三节　危险品运输规范

一、《中华人民共和国民用航空法》

《中华人民共和国民用航空法》对航空危险品运输做了宏观性的规定，主要规定如下。

第一百零一条　公共航空运输企业运输危险品，应当遵守国家有关规定。禁止以非危险品品名托运危险品。禁止旅客随身携带危险品乘坐民用航空器。除因执行公务并按照国家规定经过批准外，禁止旅客携带枪支、管制刀具乘坐民用航空器。禁止违反国务院民用航空主管部门的规定将危险品作为行李托运。

第一百九十三条　违反本法规定，隐匿携带炸药、雷管或者其他危险品乘坐民用航空器，或者以非危险品品名托运危险品，尚未造成严重后果的，比照刑法第一百六十三条的规定追究刑事责任；造成严重后果的，依照刑法第一百一十条的规定追究刑事责任。

第一百九十四条　公共航空运输企业违反本法第一百零一条的规定运输危险品的，由国务院民用航空主管部门没收违法所得，可以并处违法所得一倍以下的罚款。公共航空运输企业有前款行为，导致发生重大事故的，没收违法所得，判处罚金；并对直接负责的主管人员和其他直接责任人员依照刑法第一百一十五条的规定追究刑事责任。

第一百九十五条　故意在使用中的民用航空器上放置危险品或者唆使他人放置危险品，足以毁坏该民用航空器，危及飞行安全，尚未造成严重后果的，依照刑法第一百零七条的规定追究刑事责任；造成严重后果的，依照刑法第一百一十条的规定追究刑事责任。

二、《中国民用航空危险品运输管理规定》

《中国民用航空危险品运输管理规定》（CCAR-276-R1）（以下称《规定》）经2012年12月24日中国民用航空局局务会议通过，2013年9月22日中国民用航空局令第216号公布。《规定》分总则、危险品航空运输的限制和豁免、危险品航空运输许可程序、危险品航空运输手册、危险品航空运输的准备、托运人的责任、经营人及其代理人的责任、危险品航空运输信息、培训、其他要求、监督管理、法律责任、附则13章145条，自2014年3月1日起施行。2004年7月12日中国民用航空总局发布的《中国民用航空危险品运输管理规定》予以废止。

（一）总则

在总则中，主要包括《规定》制定的依据、适用性、管理主体、相关术语和其他原则性的要求。

（二）危险品航空运输的限制和豁免

我国国内和国际危险品航空运输应遵守《规定》和《危险品航空安全运输技术细则》（以下简称《技术细则》）规定的详细规格和程序，《技术细则》是危险品航空运输的国际法律准则，而《危险品规则》是基于《技术细则》由行业组织（国际航协）制定的行业操作手册。

（1）禁止下列危险品装上航空器：

①《技术细则》中规定禁止在正常情况下运输的危险品；

②受到感染的活动物；

③禁止通过航空邮件邮寄危险品或者在航空邮件内夹带危险品。

（2）豁免情况包括：

①已分类为危险品的物品和物质，根据有关适航要求和运行规定，或者因《技术细则》列明的其他特殊原因需要装上航空器时；

②旅客或者机组成员携带的在《技术细则》规定范围内的特定物品和物质；

③对于《技术细则》指明经批准可以运输禁止用客机和/或者货机运输的危险品，或符合《技术细则》规定的其他目的的，当运输的总体安全水平达到相当于《技术细则》所规定的安全水平。

（三）危险品航空运输许可程序

经营人从事危险品航空运输，应当取得危险品航空运输许可并根据许可内容实施。民航地区管理局应当告知申请人有关危险品航空运输的政策和规定，为申请人申请危险品航空运输许可提供咨询和申请书的标准格式。遇灾害运送救援人员或者物资等重大、紧急和特殊情况，民航地区管理局应当按照民航局的相关要求办理危险品航空运输许可。

民航地区管理局作出的危险品航空运输许可应当包含下列内容：

（1）说明经营人应按本规定和《技术细则》的要求，在批准的经营范围内实施运行；

（2）批准运输的危险品类别；

（3）许可的有效期；

（4）必要的限制条件。

（四）危险品航空运输手册

危险品航空运输手册的内容可以按照专业类别及其承担的责任编入经营人运行、地面服务和客货运输业务等其他手册中。

民航地区管理局可以通过书面形式要求国内经营人对危险品运输手册的相关内容、分发或者修订做出调整。

（五）危险品航空运输的准备

托运人应当根据《技术细则》的规定对航空运输的危险品进行分类、识别、包装、标签和标记，提交正确填制的危险品运输文件。

航空运输的危险品所使用的包装物应当符合《技术细则》的要求。每一危险品包装件应当粘贴适当的标签，并且符合《技术细则》的规定。每一危险品包装件应当标明其内装物的运输专用名称。国际航空运输时，除始发国要求的文字外，标记应当加用英文。

（六）托运人的责任

托运人应当确保所有办理托运手续和签署危险品运输文件的人员已按本规定和《技术细则》要求接受相关危险品知识的培训并合格。托运人将危险品的包装件或者集合包装件提交航空运输前，应当保证该危险品不是航空运输禁运的危险品，并正确地进行分类、包装、加标记、贴标签，提供真实准确的危险品运输相关文件。凡将危险品提交航空运输的托运人应当向经营人提供正确填写并签字的危险品运输文件，危险品运输文件中应当有经危险品托运人签字的声明，表明按运输专用名称对危险品进行完整、准确地描述和该危险品是按照《技术细则》的规定进行分类、包装、加标记和贴标签，并符合航空运输的条件。必要时，托运人应当提供物品安全数据说明书或者经营人认可的鉴定机构出具的符合航空运输条件的鉴定书。托运人应当确保危险品运输文件、物品安全数据说明书或者鉴定书所列货物与其实际托运的货物保持一致。

托运人必须保留一份危险品运输相关文件至少 24 个月。上述文件包括危险品运输文件、航空货运单以及本规定和《技术细则》要求的补充资料和文件。国际航空运输时，除始发国要求的文字外，危险品运输文件应当加用英文。

（七）经营人及其代理人的责任

1. 经营人的责任

经营人应当制定措施防止行李、货物、邮件及供应品中隐含危险品，并保证接收的危险品符合危险品文件、包装要求，并使用收运检查单进行检查。经营人应该保证危险品在储存、装载和运输环节的安全。

经营人要求托运人提供货物符合航空运输条件的鉴定书的，应当告知托运人其认可的鉴定机构，并确保其所认可的鉴定机构满足民航局关于货物航空运输条件鉴定机构的相关规定，同时将认可的鉴定机构报民航局备案。

经营人应当在载运危险品的飞行终止后，将危险品航空运输的相关文件至少保存24 个月。上述文件至少包括收运检查单、危险品运输文件、航空货运单和机长通知单。

经营人委托地面服务代理人代表其从事与危险品航空运输相关地面服务的，应当同地面服务代理人签订涉及危险品航空运输的地面服务代理协议。所委托的中国境内的地面服务代理人应当符合局方有关地面服务代理人的要求，所委托的中国境外的地面服务代理人应当符合所在地国家的相关法律、法规。经营人应当自危险品航空运输地面服务代理协议签订之日起 7 日内将所签订协议报民航地区管理局备案。

2. 经营人的代理人的责任

货运销售代理人从事货物航空运输销售代理活动，应当同经营人签订包括危险品安全航空运输内容的航空货物运输销售代理协议。货运销售代理人不得作为托运人或者代表托运人托运危险品。

地面服务代理人无论是否从事危险品航空运输活动，均应具备危险品运输相关资质要求。

地面服务代理人应当报所在地民航地区管理局备案。自收到备案申请之日起 20 日内，民航地区管理局应当将地面服务代理人予以备案，并对外公布。

地面服务代理人代表经营人从事危险品航空运输活动的，适用有关经营人责任的规定。

（八）危险品航空运输信息

经营人在其航空器上载运危险品，应当在航空器起飞前向机长提供《技术细则》规定的书面信息。

经营人应当确保在旅客购买机票、办理乘机手续前、办理乘机手续时，向旅客提供关于禁止航空运输危险品的信息。通过互联网提供的信息可以是文字或者图像形式，但应当确保只有在旅客表示已经理解行李中的危险品限制之后，方可完成购票手续。

经营人、机场管理机构应当保证在机场每一售票处、办理旅客乘机手续处、登机处以及其他旅客可以办理乘机手续的任何地方醒目地张贴数量充足的布告，告知旅客禁止航空运输危险品的种类。这些布告应当包括禁止用航空器运输的危险品的直观示例。

经营人、货运销售代理人和地面服务代理人应当在货物、邮件收运处的醒目地点展示和提供数量充足、引人注目的关于危险品运输信息的布告，以提醒托运人及其代理人注意到托运物可能含有的任何危险品以及危险品违规运输的相关规定和法律责任。这些布告必须包括危险品的直观示例。危险品运输过程中出现的事故和事故征候，机长或运营人应该按照《技术细则》的要求进行报告。

（九）培训

1. 危险品培训大纲

根据《技术细则》的要求，作为危险品航空运输托运人或者托运人代理人的企业或者其他组织，国内经营人，货运销售代理人，地面服务代理人，从事民航安全检查工作的企业开展培训活动应当持有危险品培训大纲。危险品培训大纲，在实施前应当报民航地区管理局备案。

危险品培训大纲应当及时修订和更新，应报送备案、批准或者得到经营人认可。

2. 培训课程

制定和持有危险品培训大纲的企业或者组织应当根据其培训大纲设置培训课程，课程中应当列明培训的具体内容、计划小时数和考试的相关要求。培训课程应当包括一般知识培训（旨在熟悉一般性规定的培训）、专门职责培训（针对人员所承担的职责要求提供的详细培训）、安全培训（以危险品所具有的危险性、安全操作及应急处置程序为培训内容的培训）。

3. 培训要求

地面服务代理人按照经批准的培训大纲或者货运销售代理人按照所代理的经营人认可的培训大纲，由符合本规定要求的培训机构培训合格的人员，可为不同经营人代理同一类别人员的工作。外国经营人应当确保其在中华人民共和国境内从事危险品航空运输活动的人员按要求进行培训并合格。

为了保证知识更新，应当在前一次培训后的 24 个月内进行复训。如果复训是在前一次培训的最后 3 个月有效期内完成，则其有效期自复训完成之日起开始延长，直到前一次培训失效日起 24 个月为止。培训记录应当保存 3 年以上并随时接受民航局或者民航地区管理局的检查。

4. 危险品培训机构

制定和实施危险品培训大纲的企业或者组织可以设立危险品培训机构。危险品培训机构开展危险品培训应当报民航局备案，自收到备案申请之日起 20 日内，民航局将危险品培训机构予以备案，并对外公布。危险品培训机构的教员应当满足以下条件：

（1）熟悉民用航空法律、法规、规章、规定和政策；
（2）从事民航相关业务 5 年以上；
（3）大专以上学历；
（4）通过经批准的危险品培训大纲中第六类人员的培训，并考核优秀；
（5）具备相应的授课技能；
（6）具备正确理解国际民航组织危险品航空运输有关规定的英语水平；
（7）民航局规定的其他条件。

危险品培训机构的教员必须且只能在一家培训机构注册，应当至少在 24 个月内进行授课或者参加复训。

（十）监督管理

民航地区管理局应当定期对辖区内从事危险品航空运输活动主体进行检查，并将监督检查中发现的问题及时处理并报告民航局。

（十一）法律责任

托运人或者其代理人、经营人、货运销售代理人、机场管理机构违反相关规定条款的，一般由民航管理部门处以警告或者 3 万元以下的罚款。

托运人及其代理人、经营人、货运销售代理人、地面服务代理人、从事民航安全检查工作的企业以及培训机构未满足危险品培训有关要求的，由民航管理部门处以警告或者 3 万元以下的罚款。

托运人及其代理人、经营人或者地面服务代理人有拒绝接受检查等情况的，由民航管理部门处以警告或者 3 万元以下的罚款。从事危险品航空运输活动的单位和个人违反本规定，构成犯罪的，依法追究刑事责任。

课堂互动

老师准备各种图片的 PPT，学生们进行抢答，正确率最多的小组获胜。

思考与练习

危险品航空运输的限制和豁免。

第四节　民用航空器对地（水）面第三人损害赔偿责任

飞机的飞行活动或运输活动不可避免地会造成承运人对旅客、托运人等作为运输合同当事人的损害，另外，还会涉及其他各方面当事人的民事责任问题，其中就有对非旅客或托运人的受损害的第三人所造成的损害。航空器对第三人造成了损害，航空器的经营人应当承担责任。对于航空器对地面第三人的损害责任问题，国际法和国内法都作了相应规定，以保证受害人能及时得到补偿。

一、对第三人损害的概念

《民用航空法》第一百五十七条第一款规定："因飞行中的民用航空器或者从飞行中的民用航空器上落下的人或者物，造成地面（包括水面，下同）上的人身伤亡或者财产损害的，受害人有权获得赔偿；但是，所受损害并非造成损害的事故的直接后果，或者所受损害仅是民用航空器依照国家有关的空中交通规则在空中通过造成的，受害人无权要求赔偿。"

由于合同的相对性，合同相对当事人之外的人被称为"第三人"，在航空运输中，航空承运人或者托运人及收货人是一种航空运输合同关系。航空运输合同当事人之外的都是第三人。航空器在运转中对第三人造成损害，航空器经营人应当承担责任。但是在航空运输中，第三人又存在复杂的情况，应依据不同的法律关系，按照不同的法律规定区别对待。例如，在航空运输或者航空作业过程中，受害人虽是航空运输合同或航空作业合同之外的第三人，但他们是航空器经营人的工作人员，受有关劳动合同的约束，因而不适用关于对第三人损害责任的法律。航空器对第三人损害责任主要涉及航空器对地面（包括水面）第三人造成损害的责任和航空器碰撞造成损害的责任。地面第三人损害责任属于侵权范畴，责任的确定和范围同承运人对旅客和其他的有合同关系的人之间的问题有所不同。

二、第三人损害责任的性质

航空活动中的第三人因为航空事故的侵权而享有了赔偿请求权，可以确定的是，航空活动中的第三人与航空运营者之间并不存在法律上的关系，因此，第三人损害责任是一种侵权责任而不是合同责任。

由于第三人损害责任是一种侵权责任，责任人就应当承担相应的民事责任。在民用航空活动中，对地面第三人造成损害是一种特殊的侵权行为，适用的是一种无过错责任制。

在这种责任制下，无论行为人是否存在过错，都必须承担赔偿责任。

航空器在空中航行，系高度危险作业。世界上很多国家对高度危险作业致人损害的性质基本上都认为是一种特殊的侵权责任，但在归责的原则上略有不同。各国法律规定对高度危险作业致人损害都认为特殊侵权，其归责原则主要有两个，一个是无过错责任制，另一个是严格责任制。从我国《民法通则》第一百二十三条的规定上来看，高度危险作业对第三人损害赔偿责任的规则是无过错责任制。故有学者认为，民用航空器对地面第三人侵权行为适用的原则是无过错责任；但《民法通则》中对无过错责任的免责事由进行了严格限制，只有不可抗力和受害人的故意行为，而《民用航空法》第一百六十一条规定："依照本章规定应当承担责任的人证明损害是完全由于受害人或者其受雇人、代理人的过错造成的，免除其赔偿责任；应当承担责任的人证明损害是部分由于受害人或者其受雇人、代理人的过错造成的，相应减轻其赔偿责任。但是，损害是由于受害人的受雇人、代理人的过错造成时，受害人证明其受雇人、代理人的行为超出其所授权的范围的，不免除或者不减轻应当承担责任的人的赔偿责任。一人对另一人的死亡或者伤害提起诉讼，请求赔偿时，损害是该另一人或者其受雇人、代理人的过错造成的，适用前款规定。"可见，受害人的过错成了经营人或应当承担责任的人的免责事由，因此称严格责任更为贴切。因为严格责任并不是不考虑行为人的过错，只是加重行为人的举证责任，当行为人造成损害结果时推定行为人有过错，应承担责任，除非行为人能举证自己的行为符合法定的免责条件。同时，严格责任还要考虑受害人的过错，这与无过错责任中的绝对责任明显有别。

航空器空中碰撞，往往呈现复杂的情况，经常难以判明谁有过错。有学者认为，在这种情况中应实行公平责任原则。但我国《民用航空法》第一百六十二条规定："两个以上的民用航空器在飞行中相撞或者相扰，造成本法第一百五十七条规定的应当赔偿的损害，或者两个以上的民用航空器共同造成此种损害的，各有关民用航空器均应当被认为已经造成此种伤害，各有关民用航空器的经营人均应当承担责任。"从此规定可以看出，在航空器空中碰撞中，对地面第三人而言，公平责任原则无论是在其实质方面还是在其操作性方面都存在一定问题，所以不应作为对地面第三人侵权的一项归责原则。对于地面第三人而言，相撞的航空器应当承担严格责任，根本没有必要追究哪家航空器有过失。

三、我国民用航空法的有关规定

我国《民用航空法》第十二章"对地面第三人损害的赔偿责任"的制定，主要参考了 1952 年《罗马公约》及 1978 年《蒙特利尔议定书》的规定，共分两大部分内容：一部分是关于航空器的经营人对地面第三人损害的赔偿责任制度的规定；另一部分是关于对地面第三人损害赔偿责任和保险问题的规定。

（一）责任制度

首先，我国《民用航空法》确立了无过失责任制度。第一百五十七条规定："因飞行中的民用航空器或者从飞行中的民用航空器上落下的人或者物，造成地面（包括水面，下同）上的人身伤亡或者财产损害的，受害人有权获得赔偿；但是，所受损害并非造成损害的事故的直接后果，或者所受损害仅是民用航空器依照国家有关的空中交通规则在空中通过造成的，受害人无权要求赔偿。前款所称飞行中，是指自民用航空器为实际起飞而使用动力时起至着陆冲程终了时止；就轻于空气的民用航空器而言，飞行中是指自其离开地面时起至其重新着地时止。"从上述规定可以得出以下两条结论。

（1）损害赔偿实行的是无过失责任原则。只要是飞行中的民用航空器或者从飞行中的民用航空器上落下的人或者物，造成地面上的人身伤亡或者财产损害是客观事实，受害人即有权获得赔偿。但是，这种客观责任不是绝对责任。

（2）损害赔偿有明确的范围。一是赔偿直接损害，不赔偿间接损害，即所受损害并非造成损害事故的直接后果，受害人无权要求赔偿。二是所受损害仅是民用航空器依照国家有关的空中交通规则在空中通过造成的。

其次，我国《民用航空法》第一百六十条和一百六十一条确立了法定免责的条件。第一百六十条第一款规定："损害是武装冲突或者骚乱的直接后果，依照本章规定应当承担责任的人不承担责任。"第一百六十条第二款规定："依照本章规定应当承担责任的人对民用航空器的使用权业经国家机关依法剥夺的，不承担责任。"第一百六十一条第一款规定："依照本章规定应当承担责任的人证明损害是完全由于受害人或者受雇人、代理人的过错造成的，免除其赔偿责任；应当承担责任的人证明损害是部分由于受害人或者其受雇人、代理人的过错造成的，相应减轻其赔偿责任。但是，损害是由于受害人的受雇人、代理人的过错造成时，受害人证明其受雇人、代理人的行为超出其所授权的范围的，不免除或者不减轻应当承担责任的人的赔偿责任。"

（二）责任主体

赔偿责任应当由航空器的经营人承担，我国《民用航空法》第一百五十八条规定："本法第一百五十七条规定的赔偿责任，由民用航空器的经营人承担。前款所称经营人，是指损害发生时使用民用航空器的人。民用航空器的使用权已经直接或者间接地授予他人，本人保留对该民用航空器的航行控制权的，本人仍被视为经营人。经营人的受雇人、代理人在受雇、代理过程中使用民用航空器，无论是否在其受雇、代理范围内行事，均视为经营人使用民用航空器。民用航空器登记的所有人应当被视为经营人，并承担经营人的责任；除非在判定其责任的诉讼中，所有人证明经营人是他人，并在法律程序许可的范围内采取适当措施使该人成为诉讼当事人之一。"

从以上规定可以得出民用航空器经营人的含义有以下四个方面：①损害发生时使用民用航空器的人；②本人将民用航空器的使用权已经直接或者间接地授予他人，但保留对该民用航空器的航行控制权，本人仍被视为经营人；③经营人的受雇人、代理人在受雇、代理过程中使用民用航空器，无论是否在其受雇、代理范围内行事，均视为经营人使用民用航空器；④民用航空器登记的所有人应当视为经营人，并承担经营人的责任，除非在判定其责任的诉讼中，所有人证明经营人是他人，并在法律程序许可范围内采取适当措施使该人成为诉讼当事人之一。

另外，这里需要明确以下问题。

（1）当民用航空器所有人被视为经营人，所有人享有经营人所能援用的抗辩权。

（2）非法使用民用航空器对地面第三人造成损害，有航行控制权的人与该非法使用人承担连带责任，除非有航行控制权的人证明本人已经适当注意防止此种非法使用。这里所称非法使用民用航空器，是指未经对民用航空器有航行控制权的人的同意而使用航空器。

（3）两个以上的民用航空器在飞行中相撞或者相扰，对地面第三人造成损害，或者两个以上民用航空器共同对地面第三人造成损害，各有关民用航空器均应当被认为已经造成此种损害，各有关民用航空器的经营人均应当承担责任。

（4）上述应当承担责任的人及其受雇人、代理人，对于飞行中的民用航空器或者从飞行中的民用航空器上落下的人或者物对地面第三人造成损害，只在本法规定的范围内承担赔偿责任，除非故意造成此种损害，否则不在规定范围之外承担责任。

（5）《民用航空法》第十二章的规定不妨碍对损害应承担责任的人向他人追偿的权利。

（三）保险与担保

我国《民用航空法》第一百六十六条至一百七十条规定了第三人责任之中必须涉及的保险和担保、保险人的抗辩权等。航空器投保地面第三人责任险是一种强制性要求。民用航空器的经营人应当就其拥有航空器，投保地面第三人责任险或者取得银行等金融机构的责任担保。

法律规定的地面第三人责任险是指投保人（一般是航空公司）就其对地面或水面造成的人身伤亡或者财产损害的赔偿责任向保险人投保，在保险事故发生后由保险人向地面或者水面上遭受损害的人先行赔偿的保险制度。

责任担保，是指被担保人（如航空公司）以其对地面第三人损害的赔偿责任为合同标的与担保人（通常是银行等金融机构）约定，当发生航空器对地面第三人的损害，被担保人不履行其赔偿责任时，担保人代为承担责任的保证措施。

（四）诉讼时效

我国《民用航空法》规定，地面第三人损害赔偿的诉讼时效期为 2 年，自损害发生之日起计算；但是，在任何情况下，时效期间不得超过自损害发生之日起 3 年。上述关于对地面第三人损害赔偿责任的规定不适用下列损害：

（1）对飞行中的民用航空器或者对该航空器上的人或者物造成的损害；

（2）为受害人同经营人或者同发生损害时对民用航空器有使用权的人订立的合同所约束，或者为适用两方之间的劳动合同的法律有关职工赔偿的规定所约束的损害。

（五）境内赔偿数额

关于如何确定外国民用航空器在我国境内造成地面第三人的损害的法律适用，《民用航空法》第一百八十九条规定："民用航空器对地面第三人的损害赔偿，适用侵权行为地法律。民用航空器在公海上空对水面第三人的损害赔偿，适用受理案件的法院所在地法律。"

但是对地面第三人损害的赔偿限额，我国《民用航空法》对此没有作出明确规定。在此只得将地面赔偿计算方法方面的问题引用我国《民法通则》的规定。对于财产损害，根据我国《民法通则》的规定，损坏国家、集体的财产或者他人财产的，应当赔偿损失。对于人身伤害，《民法通则》第一百一十九条规定："侵害公民身体造成伤害的，应当赔偿医疗费、因误工减少的收入、残废者生活的补助费等费用；造成死亡的，并应当支付丧葬费和死者生前扶养的人必要的生活费等费用。"根据上述《民法通则》的规定，外国航空器在我国境内对地面第三人造成损害的责任显然是没有限额的。但应当注意的是，在 1986 年制定《民法通则》时，我国公民的生活水平普遍偏低。即使按照 1952 年的 4 万美元限额赔偿，也要比其他种类的损害赔偿按无限额责任赔偿要高。如果简单地依据上述规定来赔偿，对我国公民来说显然是不公平的。对外国民用航空器在我国境内对地面第三人造成损害赔偿数额，应当根据《民法通则》第八章第一百四十二条的原则规定来处理。中华人民共和国缔结或者参加的国际条约同本法有不同规定的，适用国际条约的规定；但是，中华人民共和国声明保留的除外。中华人民共和国法律和中华人民共和国缔结或者参加的国际公约没有规定的，可以适用国际惯例。我国并没有批准 1952 年的《罗马公约》和 1978 年的《蒙特利尔议定书》，但是，应该将其他的条款作为惯例使用。

我国《民用航空法》涉及地面第三人损害责任的规定基本上来自 1952 年的《罗马公约》的规定，但是，其中也体现出了一些不够完善和不同的地方。

我国《民用航空法》对地面第三人损害的法律适用也没有规定责任限额，在实际操作中有很大的问题。同样是责任问题，我国民用航空法将航空运输分为国内航空运输和国际航空运输，原则规定国内航空运输承运人的赔偿责任限额由国务院民用航空主管部门制定，报国务院批准后公布执行；而对国际航空运输却规定了 16600 计算单位的赔偿限额，约为 2 万美元。这种区分造成国内和国际航空运输的赔偿责任限额有很大的差别。

模拟法庭

了解并查阅"11·21"包头空难案，以原告为地面损害第三人的角度组织并举行模拟法庭。

对第三人损害的概念。

章末小结

民航运输管理是本书比较重要的部分，对学生在今后的工作中处理具体问题有很大的帮助。学生应该对民航运输的特点及其在现代运输中的地位、公共航空运输企业的设立条件和程序、公共航空运输企业的组织形式与组织机构和运营管理、以及承运人的责任和第三人损害的含义等有一定的了解。

第七章　民用航空保险法律制度

学习目标

1. 掌握民用航空保险法律的含义。
2. 了解民用航空保险法律的特点。
3. 熟悉航空旅客人身意外伤害保险的种类。
4. 能够运用所学基础知识对有关案例作出正确的分析。

关键词

民用航空运输；民用航空保险法律；货物航空运输

知识框架

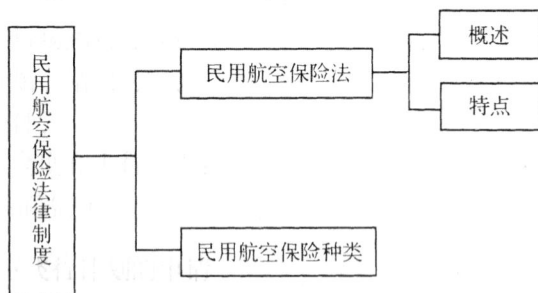

任务导航

案情简介

大连 "5·7" 空难

2002 年 5 月 7 日，中国民航北方航空公司一架麦道 82 飞机在大连附近海域坠毁，机上有乘客 103 人，其中有 7 名外国籍旅客，机组人员 9 人。失事飞机是于 5 月 7 日 20 时 37 分执行 6136 次航班任务，从北京起飞前往大连的。飞机 21 时 24 分与空管部门失去联系。据地面人员报告，飞机在大连机场东侧约 20 公里海面失事。

案件结果

经航空公司与遇难者家属协商，每位购买机票的遇难旅客，最高可一次性获得 19.4 万元赔偿，最低则可获赔 18.4 万元。且该赔偿不影响航空意外险、其他险种的赔付及遇难者所在单位的抚恤等。赔偿费包括：国家规定的 7 万元最高赔偿，在此基础上按人道主义精神增加的 6.3 万元，行李托运损失费 2000 元，随身自理行李和随身所携带的物品损失 4000 元，抚恤金 2 万元，丧葬费 5000 元，交通食宿补助费 2 万元，共计18.4 万元。此外，遗体没有打捞上岸的，在此基础上再增加 1 万元。在处理善后工作中，遇难旅客家属 3 到 6 位在大连期间的食宿费，外地遇难者家属往返交通费，殡仪馆的冷藏费、火化费、整容费、服装费，以及提前支付的遇难旅客家属生活补助费，由承运人另行支付。承运人对遇难旅客支付的全部最终赔偿，均不影响遇难旅客在原单位按照国家和所在单位应当享受的抚恤、劳保等待遇以及其他社会人身保险等福利。遇难者家属对这一体现了人道主义精神的赔偿办法表示满意。

导航思考

1. 民用航空保险赔偿的标准是什么？
2. 承运人的赔偿与民用航空保险赔偿有何不同？

第一节 民用航空保险法概述

一、保险及航空保险

人们在生产、经营和其他社会活动中会遇见突发的偶然危险，存在造成灾害的可能性，需要自我保护、补救和互救，所以才有保险。但是，保险并不是对所有突发的偶然危险造成的灾害事故都予以经济补偿，而仅仅是对"保险赔偿范围"内的灾害事故所造成的损失进行补偿。而"保险赔偿范围"的界定表明了人类的主观认识与客观存在的突发的偶然危险造成的灾害事故在保险领域中的统一。保险的客观基础是危险发生的偶然性和频繁性。事实上，危险的发生是有局部性和有限性的，因而灾害事故的损失一般发生在个别投保人身上，保险人在危险突发时对个别投保人履行给付保险金的义务。多数人投保和个别投保人受偿的对应关系，实现将保险危险造成的损失分摊给所有投保人之目的。无论是经营风险、社会风险还是自然灾害风险都被有效地化解和转移。因此，遭受损失的投保人获得了取得损失补偿的可能性。保险，简言之是责任的转移。对其他人造成伤害的责任的数额，可能远远超过一般人或一家公司单独能够承担的能力，因此就需要进行责任的转移。在现代社会中，保险是一种经济制度，目的是确保经济生活的安定，为了解决因自然灾害、意外事故等造成的经济损失，类似社会经济救济而建立的共同基金，以补偿或给付的经济制度。当其中的一个人遭受其投保的一种危险时，他便可以获得该基金的补偿。

航空保险是以与航空有关的物质财富及其有关利益为保险标的的各种保险的总称，包括：对航空器制造、航空器所有权、航空器运行及维修可能产生的风险予以保险；对地面航行设施（机场建筑物及其设备、导航设备等）予以保险；对使用航空器进行经营活动可能产生的风险予以保险，等等。

就像海运保险一样，航空保险没有正式的定义。广义上讲，航空保险包含同航空器的制造、所有权、经营和维护以及地面上的航空设施的运作有关的风险的保险。英国

1982 年的保险公司法（Insurance Companies Act 1982）规定，航空保险是由事故保险（在可适用的范围）、航空器保险、货物运输险和航空器责任险组成。飞机保险通常包含在航空器机身险单内，而航空器责任险则包含在旅客责任险和第三人责任险下。

二、民用航空保险法律的渊源

自 1903 年美国莱特兄弟发明飞机，实现人类的飞行梦想起，由此产生的可能的危险，就衍生了民用航空保险的必要性。但民用航空保险的起源究竟应该追溯到哪一年，存在几种说法。有人认为，民用航空保险起源于 1908 年；也有人认为，民用航空保险起源于 1911 年；还有人说，第一张民用航空保险的保险单于 1912 年诞生于英国。不管事实究竟怎样，普遍的看法是，民用航空保险始于第二次世界大战之前，第二次世界大战带来了民用航空保险的商业性巨大发展。

第一次世界大战之后，许多军用飞机转为民用运输，民用航空运输企业遂应运而生。保险人开始面临航空运输企业提出的民用航空保险问题。此外，许多退役的驾驶员开始转向从事航空险承保人和经纪人的工作，逐渐使民用航空保险业务发展成为一种独立的、专门的保险业务。与此同时，由于民用航空保险业务风险大、保险金额高，航空险承保人需要同水险一样提供尽可能广泛的保障和分散风险。于是，他们采用集团承保的方式来集中他们的承担能力承做民用航空保险业务。此后不久，英国伦敦劳合社的承保人和劳合社外围的保险公司的承保人联合成立了"白十字民用航空保险协会"。该协会是世界上第一家承办民用航空保险业务的专门机构。

1929 年《华沙公约》以标准措辞和定义规定了承运人的责任限额，它的通过，极大地促进了保险市场承保民用航空保险业务的积极性。1933 年，"英国民用航空保险有限公司"成立，它是英国劳合社外围公司中最大的两个专门承做民用航空保险业务的公司之一。1934 年 6 月，国际民用航空保险承保人联合会成立，它旨在代表和保护民用航空保险承保人的利益。1935 年初，通用民用航空保险公司诞生，它是综合多个保险公司的承保能力专门从事通用民用航空保险业务的专业公司。1935 年 10 月，主要代表劳合社承保人利益的劳合社航空险承保联合会成立。但是尽管如此，民用航空保险业的真正发展还是在 20 世纪 40 年代末 50 年代初。

三、民用航空保险概述

民用航空保险是以民用航空活动中涉及的财产及相关经济利益为保险标的的各种保险的总称。

一般人们概念中的民用航空保险就是飞机保险，其实不然。飞机保险是民用航空保险的主要险种之一。民用航空保险实际上是一种综合性保险。它既包括财产保险，如以飞机及设备为保险标的的飞机及零备件保险，又包括责任保险，如承保承运人对旅客及第三人的法定责任保险，还包括人身意外伤害保险，如机组人员意外伤害保险、航空旅客人身意外伤害保险等。

除此以外，目前市场上常见的民用航空保险险种还有机场责任保险、空中交通管制责任保险、航空维修人责任保险、航空器生产厂产品责任保险等。因此，民用航空保险不同于其他险种，它涉及面广，是一种综合性的保险。

四、民用航空保险的特点

与其他保险相比，民用航空保险有下列显著特点：

(1) 高价值、高风险，专业性、技术性较强；

(2) 再保险和共保必不可少；

(3) 险种都具有国际性；

(4) 承保条件与国际市场同步；

(5) 在理赔中由原保险人与再保险人共同处理赔案；

(6) 自愿保险与强制保险相结合，以强制性保险为主。

航空保险是一种在特殊保险市场中承保的特殊形式的保险，尽管它同其他一些形式的保险有某些类似之处，航空保险就起源于这些保险。

众所周知，民用航空在国民经济中具有重要地位，而航空运输工具又具有价值高、技术要求严格、运输速度快和风险大的特点。为保障民用航空的安全，避免或减少风险事故带来的人身和财产损失，我国的航空保险业随着中国民航事业的发展逐步扩展。鉴于民用航空国际性的特点，我国的航空保险业必定与国际规范接轨，且险种不断增多，业务范围不断扩大。中国的航空保险市场将十分活跃，在世界保险业中具有不容忽视的重要地位。

|| 课堂互动 ||

翻转课堂

将班级分为 6 个小组，两两 PK：对本节所学的三部分内容进行讲解。剩余 4 组投票表决，最终得票最高组，教师可给予适当加分奖励。

|| 思考与练习 ||

民用航空保险的意义是什么？

民用航空保险的特点是什么？

第二节 民用航空保险的种类

一、航空旅客人身意外伤害保险

航空旅客人身意外伤害险，简称航意险，它是保险公司为航空旅客专门设计的一种针对性很强的商业险种。其保险责任是被保险人在登机、飞机滑行、飞行、着陆过程中，即在保险期限内因飞机意外事故遭到人身伤害导致身故或残疾时，由保险公司按照保险条款所载明的保险金额给付身故保险金，或按身体残疾所对应的给付比例给付残疾保险金。意外伤害是指遭受外来的、突发的、非本意的、非疾病的使身体受到伤害的客观事件。保险期限指从被保险人踏入保单上载明的航班班机（或等效班机）的舱门开始到飞抵目的港走出舱门为止。等效班机是指由于各种原因由航空公司为指定航班所有旅客调整的班机或被保险人经航空公司同意对指定航班变更并且起、始港与原指定航班相同的班机。

该险种的除外责任包括被保险人的故意行为和非意外事故造成的伤害。

航空旅客人身意外伤害险与航空旅客运输法定责任险所履行的都是赔偿责任，目的是为航空旅客提供更加充分的保险保障，但这是两种本质上完全不同的保险险种。

首先，航空旅客运输法定责任险的被保险人是航空公司，它承保的是承运人可能承担的对旅客的赔偿责任，本质上属于责任保险，是一种强制性保险。它是由保险公司赔付给航空公司，再由航空公司赔付给旅客的。航空旅客人身意外伤害险的被保险人是旅客自己，它承保的是旅客在乘坐飞机过程中，由于意外事故，造成旅客人身伤亡，本质上属于人身保险。对每一位旅客来说，是否购买航意险，完全是自愿的。航空意外事故发生后，由旅客或其指定受益人直接持保单到保险公司索赔。其次，航空旅客人身意外伤害险是航空旅客运输法定责任险的有益补充。

即一旦发生了民用航空保险事故，购买了航意险的旅客既可以获得承运人（航空公司）赔偿（赔偿金实际上是旅客法定责任险的保险金给付），还可以获得航意险保险金给付。根据 2006 年 3 月 28 日起施行的《国内航空运输承运人赔偿责任限额规定》，"旅客自行向保险公司投保航空旅客人身意外保险的，此项保险金额的给付，不免除或者减少承运人应当承担的赔偿责任"。因此，这两种保险是并行不悖的，旅客自愿购买航意险，可以使身故者的亲人和家庭多得到一份保险赔偿，也可以使身体残疾者多得到一份残疾保险金。

目前，我国国内各保险公司对航空旅客意外伤害保险的保险金额和保险费的规定如下：一是保险金额按份计算，每份保险金额为人民币 400000 元，同一被保险人最高保险金额为人民币 2000000 元；二是保险费由投保人在订立合同时一次交清，每份保险费为人民币 20 元。

二、国内货物航空运输保险

航空货物运输险是国内货物运输保险的一种，指保险人承保法人或自然人向民航企业托运的空运货物，对这些货物在运输过程中因遭受保险责任范围内的自然灾害或意外事故给予赔付的保险。其被保险人为托运货物的法人和自然人。

（一）保险责任范围

（1）由于航空器遭受碰撞、倾覆、坠落、失踪，在危难中发生卸载以及遭遇恶劣气候或其他危难事故发生抛弃行为所造成的损失。

（2）保险货物本身因遭受火灾、爆炸、雷电、冰雹、暴风暴雨、洪水、海啸、地震、地陷、崖崩所造成的损失。

（3）保险货物因受震动、碰撞或压力而造成破碎、弯曲凹瘪、折断、开裂等损伤以及由此引起的包装破裂而造成的散失。

（4）凡属液体、半流体或者需要用液体保藏的保险货物，在运输途中因受震动、碰撞或压力致使所装容器（包括封口）损坏发生渗漏而造成的损失，或用液体保藏的货物因液体渗漏致使保藏货物腐烂的损失。

（5）保险货物因遭受偷盗或提货不着的损失。

（6）在装货、卸货时和地面运输过程中，因遭受不可抗力的意外事故及雨淋所造成保险货物的损失。

对发生在上述责任范围的保险事故，保险人负赔偿责任外，对因施救或保护保险货物而支付的合理费用，保险人也负赔偿责任。

航空货物运输险保险责任自保险货物经承运人收讫与签发航空货运单注明保险时起，至空运目的地收货人当地的仓库或储存处所时止。但如果收货人在保险货物到达目的地后未及时提货，则保险责任终止期最多以承运人向收货人发出到货通知以后的十五天为限。

（二）保险除外责任

（1）战争或军事行动。

（2）由于保险货物本身的缺陷或自然损耗，以及由于包装不善或属于托运人不遵守货物运输规则所造成的损失。

（3）托运人或被保险人的故意行为或过失。

（4）其他不属于保险责任范围内的损失。

航空货物运输险保险金额的确定可按货物价格或货价加运杂费、保险费计算。在保险有效期内，允许被保险人调整保险金额，但应向保险人申请办理批改手续。被保险人有义务在保险人签出保险单的同时，按规定一次缴清保险费；托运货物需按有关标准进行包装；发生保险事故后迅速采取抢救措施。

航空货物运输险还规定有两个附加险种，即国内航空行李运输保险和国内航空鲜活货腐烂、死亡责任险。

三、航空器机身险

航空器机身险指航空器在飞行或滑行中或在地面停航时，被保险航空器的机身、发动机及附件设备的灭失、损坏、失踪以及航空器发生碰撞、跌落、爆炸、失火等不论何种原因而造成航空器的全损或部分损坏，保险人负赔偿责任。此外，该保险还负责因意外事故或自然灾害引起的航空器的拆卸、重装、运输和清除残骸的费用，也承保航空器发生上述自然灾害或意外事故时，所支付的合理施救费用，但最高不得超过航空器机身保险金额的 10%。

航空器机身险是集财产保险和责任保险于一体的综合险种，是一种强制性保险。各国均要求航空运输的经营者投保此类保险。现代保险中，机身险普遍采取定值保险，其保险金额与保险价值相等，通常可以按三种方式确定：一是账面价值，即按购买飞机时的实际价值或按年度账面逐年扣减折旧后的价值；二是重置价值，即按照市场同样类型、同样机龄飞机的市场价值；三是双方协定价值，即由保险人与被保险人共同协商确定的价值。厘定该险种费率通常考虑的因素有：飞机类型、航空公司的损失记录、飞行员及机组人员的保险情况、飞机的飞行小时及飞机的机龄、飞行范围及飞机用途、免赔额的高低、机队规模的大小、国际保险市场的行情等。飞机保险的保险费率分为年费率和短期费率。短期费率一般为年费率的一定比例，例如承保一个月，费率为年费率的15%左右。

（一）航空器机身险的除外责任

（1）因战争、敌对行为或武装冲突，投保航空器被劫持或被第三人破坏。
（2）航空器不符合适航条件而飞行。
（3）被保险人的故意行为。
（4）航空器任何部件的自然磨损、制造及机械本身缺陷，以及噪声、污染、放射性沾染造成的损失。

除外责任意味着上述情况在保险赔偿范围之外，但有时航空承运人又确实需要就某些除外责任的事故进行保险，这时可采取机身附加险的形式获得赔偿。

（二）机身险的附加险种

1. 机身战争险

该保险主要用于赔偿由于战争、劫持、敌对行为、武装冲突、罢工、民变、暴动、航空器被扣留或没收，或第三人恶意破坏所造成的航空器损失或损坏。机身战争险一般是作为机身一切险的一种特别附加承保的。因此，其投保的金额也是约定价值。但机身战争险通常没有免赔额。其除外责任是：发生原子弹、氢弹袭击或其他核武器爆炸。

2. 责任战争险

由于机身战争险的责任范围引起被保险人对第三人或旅客应负法律责任的费用由保险人负责赔偿。其他内容与机身战争险相同。

3. 免赔额险

免赔额是指保险人对每次保险事故免赔一定的损失金额，一般以绝对数表示。通常是飞机价值越高，免赔额也就越大。例如，波音 747 型飞机免赔额为 100 万美元；波音 737-300 型飞机免赔额为 75 万美元；波音 737-200 型飞机免赔额为 50 万美元。由于保险人对每次事故的赔偿金额免赔一定比例的损失金额，所以也叫免赔率。与一般财产险不同，保险人在承保时都需要在保险单中规定一个免赔额。一旦发生意外事故造成飞机全损，由保险人按约定的保险金额给予赔付；当投保的飞机发生部分损失时，保险人只赔付实际损失扣除飞机免赔额外的差额；如果实际损失小于免赔额，则保险人不予赔偿，损失由投保人自己承担。

免赔额险是针对免赔额部分的保险，以此来降低被保险人对免赔额部分的风险。该险种作为机身险的附加险，通常以机型来决定免赔额，然后另行交纳保险费投保。如一架波音 747-400 型飞机，假设其机身险免赔额为 100 万元，若投保免赔额险，则免赔额就由 100 万元减少到一定数目。假设减少到 50 万元，该航空器如发生事故损失了 90 万元，则被保险人只承担 50 万元，另外 40 万元由保险人承担。若被保险人只投保机身险而未投保免赔额附加险，则 90 万元均由被保险人自行承担，因其损失数额未超出免赔额规定的 100 万元免赔界限。

免赔额险只是将机身险原有的免赔额降到相对低的水平，而不是取消免赔额。该险种的保险金额以机身险的免赔额为限，保险费与该保险的免赔额的高低成反比，免赔额越高，保险费就越低。

四、航空承运人法定责任险

航空承运人法定责任险指航空器在营运过程中（飞行及起降过程中），因意外事故而导致人身伤亡或财产损失而应由被保险人承担的经济赔偿责任，保险人负责赔偿。这是一种强制保险，它承保的是承运人对旅客、货主或第三人所负的法律责任，包括航空旅客运输法定责任险（含行李）、航空货物运输法定责任险、航空邮件运输法定责任险及航空器第三人责任险四种。

（一）航空旅客运输法定责任险（含行李）

该保险承保旅客在乘坐或上下飞机时发生意外，造成旅客的人身伤亡及其所带行李（包括手提行李和交运行李）物品的损失，依法应由被保险人（航空承运人）负担的赔偿责任，保险人给予赔偿。该保险中的旅客是指购买飞机票的旅客或航空运输企业同意免费搭载的旅客，但不包括为履行航空运输企业的飞行任务而免费搭载的人员。

我国《合同法》"运输合同"一章规定，"承运人应当在约定期间或者合理期间内将旅客、货物安全运输到约定地点"，若在运输的过程中造成旅客的人身伤亡，那么承运人应承担违约责任或侵权责任，进行赔偿。为确保承运人足额赔偿，保障旅客的合法权益，我国要求航空公司必须投保旅客法定责任险，即承运人责任险。这种保险是以承运人可能承担的对旅客的赔偿责任为保险标的的保险；其本质上是财产险，而非人身险。投保人是航空公司，保险费来源于机票收入，保险费的支出属于航空公司的运营成本，构成了机票价格的一部分。当出现旅客伤亡时，航空公司作为承运方依法承担的赔偿责任由保险公司在旅客法定责任保险合同约定的范围内赔付。

（二）航空货物运输法定责任险和航空邮件运输法定责任险

该险是指保险人负责赔偿所保航空器承运的货物或邮件，从承运时起至交付收货人时止的过程中，如发生损失或延迟交付，依法或依合同规定应由被保险人承担的赔偿责任。

（三）航空器第三人责任险

第三人责任险承保航空器在营运中，由于航空器坠落或从航空器上坠人、坠物而造成第三人的人身伤亡或财产损失，应由被保险人承担的赔偿责任，保险人负责赔偿。在航空运输中，航空承运人与旅客或托运人以及收货人是一种航空运输合同关系。航空运输合同当事人之外的都是第三人。但属于被保险人的雇员（包括机上和机场工作人员）、被保险飞机上的旅客的人身伤亡或财产损失则均不属于第三人责任险承保范围。

在我国，航空器第三人责任险属于强制性保险，无论公共航空运输企业还是通用航空运输企业，都应当投保第三人责任险。外国民用航空器在我国境内从事民用航空活动，也必须先投保第三人责任险。这与世界各国的立法和航空惯例相一致。

航空器第三人责任险作为一个独立的险种，一般与航空器机身保险、旅客责任保险以及货物运输责任保险等险种统一承保，但责任分开，责任限额与保险费分别计算，且航空公司有投保选择权。航空器第三人责任保险通常没有免赔额，但法定责任保险中旅客行李及货物通常规定数额较小的免赔额。

航空旅客运输法定责任险和第三人责任保险的责任限额是按每次事故来确定的。确定责任限额主要考虑的因素有飞机的飞行路线、飞机的型号、有关国家对人身伤亡赔偿限额的规定、旅客的构成等。如果是以机队形式投保的，还要考虑机队飞机的构成。航空旅客运输法定责任险的保险费一般按飞行公里数计算，收取保险费的办法是在年初按全年预计保险费的 75%预收（也称为预收保险费或最低保险费），到保险期限届满时，再根据实际完成飞行公里数进行调整。如果是单架飞机投保，保险人则按旅客座位数收取一定的保险费。第三人责任保险的保险费可以按机队规模或者按机型一次收取。货物法定责任保险的保险费则按航空公司每年货物运输营业额收取。

此外，航空承运人法定责任险还负责与事故发生有关的费用支出，如事故发生后的搜索和施救费用，为减少事故损失及损坏而采取的措施的成本、清除飞机残骸的费用等。通常规定上述这些费用成本的最高给付限额为每次事故 300 万美元。另外，保险公司对因涉及被保险人的赔偿责任而引起的必要的诉讼费用也予以负责。法定责任险对被保险人的投保总额作了限制。通常保险单规定，任一事故的保险总额或保险期内发生的累计损失的保险总额限制在 10 亿美元。

五、机场责任保险

机场及操作人员责任保险简称机场责任保险。该保险对以下责任引起的损失负责赔偿：

（1）机场所有人或经营人所提供的服务或其雇员在工作期间因疏忽而造成第三人的人身伤亡或财产损失。例如，机场内的电梯使用操作不当致使乘坐者受伤，接送飞机乘客的车辆延误时间，候机厅内通道设计不合理致使有人因拥挤而受伤等，都可索要赔偿。

（2）由被保险人（机场的所有人或经营人）保管、控制的第三人的飞机或有关设备遭受的损失或损坏，但这种损失必须是被保险人的疏忽或过失所致。

（3）被保险人因提供的服务或设备有缺陷而导致的第三人人身伤亡或财产损失而应负担的经济赔偿责任。例如，为候机的乘客提供的食物不洁等。被保险人自己的财产损失或人身伤亡，机场内机动车责任，机场所属旅宾馆业主责任，被保险人提供缺陷产品造成的损失，产品不当设计、制造、操作造成的损失，合同责任等是该保险的除外责任。对财产损失通常有免赔额，但金额较低。对某些除外的责任，可以通过增加保费得到扩展保障。

六、空中交通管制责任保险

空中交通管制责任保险对空中交通管制单位或代理行使空中交通管制部分职责的机场在经营业务过程中，因意外事故造成第三人的人身伤亡或财产损失依法负责赔偿的责任进行经济补偿。被保险人自己的财产损失或人身伤亡、合同责任等是该保险的除外责任。对财产损失通常有免赔额，但金额较低。

七、航空产品责任保险

航空产品责任保险的被保险人通常是航空器的生产制造商。该保险主要承保由于制造商或航空器的设计商的设计错误和错误的操作或者制造上的缺陷，修理商的修理错误，零配件不合格而造成飞机以及其他财产损失或者人身伤亡的赔偿责任。

近年来，航空器产品责任问题已越来越成为人们关注的焦点。航空器事故发生后，受害人首先关心是否有产品责任。这是由于在通常情况下，航空公司都有法律规定限制自己的赔偿责任。在无法证明航空公司确有故意行为或者重大过失的情况下，受害人只能享受法律规定项下的赔偿限额。另外，一般的飞机险保单都将产品责任作为保险单项下的除外责任。因此，一旦产品责任确立，受害人包括飞机保险的承保人都可以通过法律程序从生产制造商处拿到更大的赔偿金额。而且这种赔偿金额，从理论上讲，没有法律规定的责任限额，也就是说，受害人得到的赔偿金额很可能是无限制的。

八、其他

民用航空保险的险种很多，除以上介绍的几种主要险种外，目前市场上还有机组人员意外伤害险、丧失执照保险、租机保险、航空旅客地面意外伤害险、飞行表演责任险、航空维修人责任保险、航空展览会主办单位责任保险等险种。值得一提的是，近年来航班延误问题一直备受关注，在航空公司对于航班延误赔付标准迟迟不出，乘客对于航班延误频频表示不满之时，针对于此的保险产品——航班延误保险应运而生。不过该险种是作为旅游意外险的附加险面市的，如果要获得该保障，首先必须购买旅意险。而且，目前这类保险一般仅仅对"由于恶劣天气、机械故障、罢工或劫持而导致的飞机延误连续 6 小时以上"进行赔付。由于航班计划、运输服务等航空公司"自身原因"造成的航班延误并未被列入补偿范围。而据相关资料显示，除去天气等不可抗力的原因，航空公司的航班计划、运输安排不当是造成航班延误的最主要原因。

随着民用航空运输业的发展，势必会有更多的涉及航空运输的保险险种问世，为航空运输活动的当事人提供更多的经济保障。

课堂互动

学生讨论

民用航空保险的赔偿标准定得过高或过低会造成什么后果？

思考与练习

民用航空保险的主要险种及其内容是什么？
民用航空保险理赔要注意哪些原则？

章末小结

本章主要讲述了民用航空保险的概念、险种、特征以及理赔原则。民用航空保险实际上是一种综合性保险，具有高价值、高风险、高技术、再保险等特征。民用航空保险理赔要坚持主动、迅速、准确的原则，坚持实事求是的原则。

了解概念，熟悉民用航空保险的理赔原则及赔偿范围，有助于我们在今后的工作和生活中更好地服务乘客，同时也能让自身合理地规避风险与财务损失。

第八章 通用航空

学习目标

1. 理解通用航空的含义及其地位。
2. 了解通用航空的发展概况。
3. 掌握通用航空的含义及其地位。
4. 能够运用所学基础知识对有关案例作出正确的分析。

关键词

民用航空运输；通用航空；发展概况

知识框架

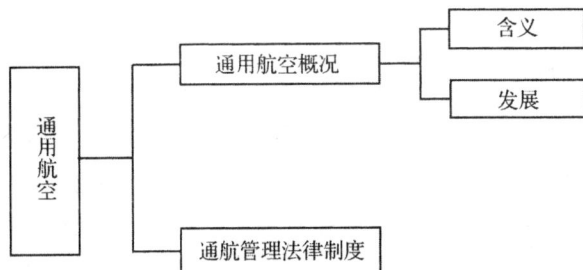

任务导航

案情简介

2004年10月，湖北省某市方某某自费购买一架轻型水上飞机，从事梁子岛上旅游观光项目。43岁的方某某是梁子岛上一个小私营企业主，一个偶然的机会，他获悉超轻型水上飞机获"准生证"的消息，便萌发了在梁子岛开发水上飞机观光旅游新项目的想法，并得到梁子岛管委会的支持。这一项目营运后，飞机每架次乘坐两名乘客，每名乘客收费100元，吸引了不少来自武汉、黄石和鄂州市的游客，生意红火，成为梁子岛旅游的一个亮点。

案件结果

由于没有办理任何飞行手续，轻型水上飞机被有关部门责令停飞。责令其停飞的原因是该飞机未经民航和安全部门批准，存在严重的安全隐患。待办理有关手续并经有关部门作出安全评估报告后，政府部门再决定是否让该飞机重新上天。

从事通用航空活动，必须符合航空法律的要求。未经民航局或民航地区管理局批准，任何单位和个人不得擅自筹建通用航空企业、购租民用航空器、从事通用航空经营活动。对于未经批准，擅自筹建通用航空企业、购租民用航空器、从事通用航空经营活动的，由民航局或民航地区管理局责令其停止违法活动，没收违法所得，并处以违法所得 1 倍以上 3 倍以下的罚款；没有违法所得的，处以 1 万元以上 3 万元以下的罚款。

对经营性通用航空业务的审批，通常遵循下列主要原则：（1）有利于促进国民经济的发展和保护生态环境，有利于维护公共利益，确保飞行安全；（2）符合国家法律、行政法规和民用航空规章的规定以及发展通用航空政策的要求；（3）符合通用航空统一规划、合理布局、协调发展的原则；（4）适应社会需求，具有良好的市场环境和条件。

导航思考

1. 什么是通用航空？
2. 通用航空管理法律在现阶段还有哪些需要改进的地方？

第一节　通用航空概述

一、通用航空的含义

国内相关法律和国际组织对通用航空都是采用排除方法加以定义的。《中华人民共和国民用航空法》第一百四十五条规定："通用航空，是指使用民用航空器从事公共航空运输以外的民用航空活动，包括从事工业、农业、林业、渔业和建筑业的作业飞行以及医疗卫生、抢险救灾、气象探测、海洋监测、科学实验、教育训练、文化体育等方面的飞行活动。"而国际民用航空组织关于"通用航空"的定义如下：通用航空是指除定期航班和为取酬或者出租的不定期航空运输以外的一切民用航空活动。简言之，通用航空飞行的首要任务不是将乘客或货物例行地以固定航班从 A 点运送往 B 点。从比较的角度，通用航空是指除公共航空运输以外的一切民用航空活动。通用航空应用的范围十分广泛，一般来说都在国内范围，因此，通用航空主要由国内法调整。

二、通用航空的发展概况

总的来看，我国通用航空发展严重滞后于运输航空和国民经济发展需要，也是改革开放以来，少数未得到充分发展的领域之一。通用航空发展缓慢的原因，主要有：第一，低空空域管理体制改革迟滞；第二，基础保障不足；第三，通用航空器研发制造核心技术不足，国产航空器市场认可度低；第四，通用航空运营企业"小、少、难"现象突出，距离"飞起来"的发展目标仍有很大差距。

当前，我国通用航空业面临前所未有的历史机遇。首先是国家对通用航空发展的政策支持力度前所未有；其次是地方政府对通航发展的重视程度前所未有；再次是社会资本投资通用航空的热情前所未有；最后是通航产业的发展速度前所未有。

未来，我国通用航空业的发展趋势将会呈现以下特点：第一，空中游览、短途运输、飞行培训、航空医疗救护等新兴航空消费市场将会兴起；第二，更加注重高质量发展，实现基础设施的网络化、机场融合化、空域资源利用集约化、转型发展智慧化、发展环境便利化；第三，通航发展环境将进一步改善；第四，通航军民融合将向深度和广度发展；第五，无人机产业将继续领跑。

课堂互动

小组讨论

将同学们根据人数分为 4~6 组，对通用航空的发展前景进行小组讨论。讨论结束后由老师进行一轮抽签，每组出一位学生拼成新的小组，新的小组将各自小组的想法分享讨论形成新的想法，最后再进行一次总结，学生回到原来的小组、将第一轮讨论的观点进行修正。

思考与练习

请简述通用航空的含义。

第二节　通用航空的管理制度

一、从事通用航空活动须具备的法定条件

《中华人民共和国民用航空法》第十章第一百四十六条至第一百四十九条对在我国从事通用航空活动须具备的法定条件作出了明确规定。

该法首先要求，从事通用航空要有相应的合格的航空器。这里有两个条件：一是航空器要与所从事的通用航空活动相适应，例如，从事滑翔飞行活动就要有滑翔机，从事搜寻救援要有直升机等等；二是航空器无论从技术设计还是从制造质量等各方面讲，都要符合国家相关的质量和技术等各项要求，要能够保证飞行安全。

从事通用航空活动应具备的第二个条件是，应有从事该项通用航空活动所必需的，且已取得了合法执照的航空人员，包括飞机驾驶员和其他相关航空人员。

除上述两个条件外，从事通用航空还必须符合我国法律和行政法规规定的各项其他条件。例如，一些特殊的行业规定等等。

最后，我国《民用航空法》第一百四十六条明确规定：从事经营性的通用航空，限于企业法人。

《中华人民共和国民用航空法》第一百四十五条规定：通用航空，是指使用民用航

空器从事通用航空活动，应当具备下列条件：

（1）有与所从事的通用航空活动相适应、符合保证飞行安全要求的民用航空器；

（2）有必要的依法取得执照的航空人员；

（3）符合法律、行政法规规定的其他条件。

从以上规定可以看出，从管理角度划分，通用航空分为经营性和非经营性两大类，实行两种不同的管理制度。凡符合法定条件的，均可从事通用航空活动。

但只有企业法人，才能从事经营性通用航空活动。此外，从事通用航空活动，还应遵守下列规定：

（1）组织实施作业飞行时，应当采取有效措施，保证飞行安全，保护环境和生态平衡，防止对环境、居民、作物或者牲畜等造成损害。（第一百四十九条）

（2）应当投保地面第三人责任险。保险金额应与所承担的风险相一致。（第一百五十条）

二、通用航空的管理制度

《民用航空法》第一百四十七条作了明确的规定："从事非经营性通用航空的，应当向国务院民用航空主管部门办理登记。从事经营性通用航空的，应当向国务院民用航空主管部门申请领取通用航空经营许可证，并依法办理工商登记；未取得经营许可证的，工商行政管理部门不得办理工商登记。"

从这一规定可以看出，从管理角度划分，通用航空分为经营性和非经营性两大类。法律未对"非经营性"作明确规定。一般应理解为，是为自身需要而进行的，不对外营业，不收取报酬，凡符合法定条件的，均可从事通用航空活动。但只有企业法人，才能从事经营性通用航空活动。

按照非经营性和经营性的划分，对通用航空实行"准则制"和"审批制"两种不同的管理制度。所谓"准则制"，即符合法定条件的均可从事非经营性通用航空活动，只需向主管机关办理登记手续；所谓"审批制"，即是具备法定条件从事经营性通用航空活动，有关企业法人必须向主管机关提出申请，经审查批准，取得主管机关颁发的经营许可证并持经营许可证办理工商登记之后，方可从事经营性通用航空活动。

三、通用航空划设临时飞行空域的申请

通用航空和一般的公共航空运输有很大不同。例如，在通用航空中，根据飞行需要有时要申请划设临时飞行空域。《通用航空飞行管制条例》第七条规定："从事通用航空飞行活动的单位、个人，根据飞行活动要求，需要划设临时飞行空域的，应当向有关飞行管制部门提出划设临时飞行空域的申请。"

（一）划设临时飞行空域的申请内容

（1）临时飞行空域的水平范围、高度；

（2）飞入和飞出临时飞行空域的方法；

（3）使用临时飞行空域的时间；

（4）飞行活动性质；

（5）其他有关事项。

（二）划设临时飞行空域的批准权限

（1）在机场区域内划设的，由负责该机场飞行管制的部门批准；

（2）超出机场区域在飞行管制分区内划设的，由负责该分区飞行管制的部门批准；

（3）超出飞行管制分区在飞行管制区内划设的，由负责该管制区飞行管制的部门批准；

（4）在飞行管制区间划设的，由中国人民解放军空军批准。

批准划设临时飞行空域的部门应当将划设的临时飞行空域报上一级飞行管制部门备案，并通报有关单位。

（三）划设临时飞行空域的申请与批准时限

划设临时飞行空域的申请，应当在拟使用临时飞行空域 7 个工作日前向有关飞行管制部门提出；负责批准该临时飞行空域的飞行管制部门应当在拟使用临时飞行空域 3 个工作日前作出批准或者不予批准的决定，并通知申请人。

（四）临时飞行空域使用期限

临时飞行空域的使用期限应当根据通用航空飞行的性质和需要确定，通常不得超过 12 个月。因飞行任务的要求，需要延长临时飞行空域使用期限的，应当报经批准该临时飞行空域的飞行管制部门同意。通用航空飞行任务完成后，从事通用航空飞行活动的单位、个人应当及时报告有关飞行管制部门，其申请划设的临时飞行空域即行撤销。已划设的临时飞行空域，从事通用航空飞行活动的其他单位、个人因飞行需要，经批准划设该临时飞行空域的飞行管制部门同意，也可以使用。

四、通用航空飞行计划的申请

"空中交通管制"也称"飞行管制"或"航空管制"，其主要含义是指对飞行中的航空器提供空中交通管制服务，并实施有效的监督和管理。空中交通管制包括：监督航空器严格按照批准的计划飞行，维护飞行秩序，禁止未经批准的航空器擅自飞行；禁止未经批准的航空器飞入空中禁区、临时空中禁区或者飞出、飞入国境；防止航空器与航空器、航空器与地面障碍物相撞；防止地面对空兵器或者对空装置误射航空器。

我国的空中交通管制，受国务院、中央军委空中交通管制委员会的领导，由中国人民解放军空军统一组织实施，各有关飞行管制部门按照各自的职责分工提供空中交通管制服务。执行空中交通管制是必要的，可以防止空中灾难的发生。例如，新疆航空公司的一架成都飞往乌鲁木齐的客机，由于机上领航设备出现故障，飞机已下降到安全高度以下，正在担负航空管制任务的我空军某航空管制中心及时判明飞机属性，果断指挥飞机上升到安全高度，引导安全降落；两架外国航班未按申请航线和入境点飞行，试图从非计划航线飞入我国境内，可疑的亮点刚刚在雷达管制监测屏幕上出现，就被正在值班的我军某部发现，他们立即通过民航实施指挥，令其严格按照预先申请的航线和入境点飞行，并利用雷达监视该航班在境外调整航线，避免了可能造成的航空安全隐患，维护了国家领空的安全。

《通用航空飞行管制条例》（以下简称《条例》）第十二条规定："从事通用航空飞行活动的单位、个人实施飞行前，应当向当地飞行管制部门提出飞行计划申请，按照批准权限，经批准后方可实施。"

（一）飞行计划申请的内容

《条例》第十三条规定：飞行计划申请应当包括下列内容：

（1）飞行单位；

（2）飞行任务性质；

（3）机长（飞行员）姓名、代号（呼号）和空勤组人数；

（4）航空器型别和架数；

（5）通信联络方法和二次雷达应答机代码；

（6）起飞、降落机场和备降场；

（7）预计飞行开始、结束时间；

（8）飞行气象条件；

（9）航线、飞行高度和飞行范围；

（10）其他特殊保障需求。

（二）特殊情况下飞行计划的申请

《条例》第十四条规定：从事通用航空飞行活动的单位、个人有下列情形之一的，必须在提出飞行计划申请时，提交有效的任务批准文件：

（1）飞出或者飞入我国领空的（公务飞行除外）；

（2）进入空中禁区或者国（边）界线至我方一侧 10 公里之间地带上空飞行的；

（3）在我国境内进行航空物探或者航空摄影活动的；

（4）超出领海（海岸）线飞行的；

（5）外国航空器或者外国人使用我国航空器在我国境内进行通用航空飞行活动的。

（三）飞行计划申请的批准

（1）使用机场飞行空域、航路、航线进行通用航空飞行活动，其飞行计划申请由当地飞行管制部门批准或者由当地飞行管制部门报经上级飞行管制部门批准。

（2）使用临时飞行空域、临时航线进行通用航空飞行活动，其飞行计划申请按照下列规定的权限批准：

①在机场区域内的，由负责该机场飞行管制的部门批准；

②超出机场区域在飞行管制分区内的，由负责该分区飞行管制的部门批准；

③超出飞行管制分区在飞行管制区内的，由负责该区域飞行管制的部门批准；

④超出飞行管制区的，由中国人民解放军空军批准。

（四）飞行计划的申请与批准时限

（1）飞行计划申请应当在拟飞行前 1 天 15 时前提出；飞行管制部门应当在拟飞行前 1 天 21 时前作出批准或者不予批准的决定，并通知申请人。

（2）执行紧急救护、抢险救灾、人工影响天气或者其他紧急任务的，可以提出临时飞行计划申请。临时飞行计划申请最迟应当在拟飞行 1 小时前提出；飞行管制部门应当在拟起飞时刻 15 分钟前作出批准或者不予批准的决定，并通知申请人。

（3）在划设的临时飞行空域内实施通用航空飞行活动的，可以在申请划设临时飞行空域时一并提出 15 天以内的短期飞行计划申请，不再逐日申请；但是每日飞行开始前和结束后，应当及时报告飞行管制部门。

（4）使用临时航线转场飞行的，其飞行计划申请应当在拟飞行 2 天前向当地飞行管制部门提出；飞行管制部门应当在拟飞行前 1 天 18 时前作出批准或者不予批准的决定，并通知申请人，同时按照规定通报有关单位。

五、通用航空飞行保障的有关规定

（1）通信、导航、雷达、气象、航行情报和其他飞行保障部门应当认真履行职责，密切协同，统筹兼顾，合理安排，提高飞行空域和时间的利用率，保障通用航空飞行顺利实施。

（2）通信、导航、雷达、气象、航行情报和其他飞行保障部门对于紧急救护、抢险救灾、人工影响天气等突发性任务的飞行，应当优先安排。

（3）从事通用航空飞行活动的单位、个人组织各类飞行活动，应当制定安全保障措施，严格按照批准的飞行计划组织实施，并按照要求报告飞行动态。

（4）从事通用航空飞行活动的单位、个人，应当与有关飞行管制部门建立可靠的通信联络。在划设的临时飞行空域内从事通用航空飞行活动时，应当保持空地联络畅通。

（5）在临时飞行空域内进行通用航空飞行活动，通常由从事通用航空飞行活动的单位、个人负责组织实施，并对其安全负责。

（6）飞行管制部门应当按照职责分工或者协议，为通用航空飞行活动提供空中交通管制服务。

（7）从事通用航空飞行活动需要使用军用机场的，应当将使用军用机场的申请和飞行计划申请一并向有关部队司令机关提出，由有关部队司令机关作出批准或者不予批准的决定，并通知申请人。

（8）从事通用航空飞行活动的航空器转场飞行，需要使用军用或者民用机场的，由该机场管理机构按照规定或者协议提供保障；使用军民合用机场的，由从事通用航空飞行活动的单位、个人与机场有关部门协商确定保障事宜。

（9）在临时机场或者起降点飞行的组织指挥，通常由从事通用航空飞行活动的单位、个人负责。

（10）从事通用航空飞行活动的民用航空器能否起飞、着陆和飞行，由机长（飞行员）根据适航标准和气象条件等最终确定，并对此决定负责。

六、升放和系留气球的规定

过去我国存在着"随意放气球"的现象，尤其是在飞行活动密集地区或主要航线下方未经批准，随意升放飞行物体或放飞鸟类动物，对民用或军用航空造成了不良影响。2000年5月27日，重庆市18个商业宣传气球升空，险些与空中八架班机相撞，迫使航班改航、迫降，造成了很大的经济损失。《条例》规定，在我国境内从事升放无人驾驶自由气球和系留气球活动，也适用本条例。主要内容包括以下几个方面：

（1）放无人驾驶自由气球或者系留气球，不得影响飞行安全。所谓无人驾驶自由气球，是指无动力驱动、无人操纵、轻于空气、总质量大于4千克自由飘移的充气物体。所谓系留气球，是指系留于地面物体上、直径大于1.8米或者体积容量大于3.2立方米、轻于空气的充气物体。

（2）无人驾驶自由气球和系留气球的分类、识别标志和升放条件等，应当符合国家有关规定。

（3）进行升放无人驾驶自由气球或者系留气球活动，必须经市级以上气象主管机构会同有关部门批准。具体办法由国务院气象主管机构制定。

（4）升放无人驾驶自由气球，应当在拟升放2天前持本条例第三十三条规定的批准文件向当地飞行管制部门提出升放申请；飞行管制部门应当在拟升放1天前作出批准或者不予批准的决定，并通知申请人。

（5）升放无人驾驶自由气球的申请，通常应当包括下列内容：

①升放的单位、个人和联系方法；

②气球的类型、数量、用途和识别标志；

③升放地点和计划回收区；

④预计升放和回收（结束）的时间；

⑤预计飘移方向、上升的速度和最大高度。

（6）升放无人驾驶自由气球，应当按照批准的申请升放，并及时向有关飞行管制部门报告升放动态；取消升放时，应当及时报告有关飞行管制部门。

（7）升放系留气球，应当确保系留牢固，不得擅自释放。系留气球升放的高度不得高于地面150米，但是低于距其水平距离50米范围内建筑物顶部的除外。系留气球升放的高度超过地面50米的，必须加装快速放气装置，并设置识别标志。

（8）升放的无人驾驶自由气球或者系留气球中发生下列可能危及飞行安全的情况时，升放单位、个人应当及时报告有关飞行管制部门和当地气象主管机构：

①无人驾驶自由气球非正常运行的；

②系留气球意外脱离系留的；

③其他可能影响飞行安全的异常情况。

加装快速放气装置的系留气球意外脱离系留时，升放系留气球的单位、个人应当在保证地面人员、财产安全的条件下，快速启动放气装置。

（9）禁止在依法划设的机场范围内和机场净空保护区域内升放无人驾驶自由气球或者系留气球，但是国家另有规定的除外。

七、从事通用航空活动的法律责任

（1）从事通用航空飞行活动的单位、个人违反《条例》的有关规定，有下列情形之一的，由有关部门按照职责分工责令改正，给予警告；情节严重的，处2万元以上10万元以下罚款，并可给予责令停飞1个月至3个月、暂扣直至吊销经营许可证、飞行执照的处罚；造成重大事故或者严重后果的，依照刑法关于重大飞行事故罪或者其他罪的规定，依法追究刑事责任：

①未经批准擅自飞行的；

②未按批准的飞行计划飞行的；

③不及时报告或者漏报飞行动态的；

④未经批准飞入空中限制区、空中危险区的。

（2）违反《条例》的有关规定，未经批准飞入空中禁区的，由有关部门按照国家有关规定处置。

（3）违反《条例》的有关规定，升放无人驾驶自由气球或者系留气球，有下列情形之一的，由气象主管机构或者有关部门按照职责分工责令改正，给予警告；情节严重的，处1万元以上5万元以下罚款；造成重大事故或者严重后果的，依照刑法关于重大责任事故罪或者其他罪的规定，依法追究刑事责任：

①未经批准擅自升放的；

②未按照批准的申请升放的；

③未按照规定设置识别标志的；

④未及时报告升放动态或者系留气球意外脱离时未按照规定及时报告的；

⑤在规定的禁止区域内升放的。

‖ 课堂互动 ‖

小组讨论

将同学们根据人数分为4~6组，针对当前通航法律可以改进的地方进行小组讨论；讨论结束后由老师进行一轮抽签，每组出一位学生拼成新的小组，新的小组将各自小组的想法分享讨论形成新的想法，最后再进行一次总结；学生回到原来的小组，将第一轮讨论的观点进行修正。

┃ 思考与练习 ┃

请简述从事通用航空活动的法律责任。

章末小结

本章主要介绍了我国通用航空发展的概况以及通用航空管理的主要法律制度。通过本章的学习，学生将对我国通用航空管理的最新法律规定有全面的了解。

第九章　危害民航安全的犯罪与刑罚

学习目标

1. 掌握民用航空刑法的国际法与国内法。
2. 了解并熟悉民用航空刑事犯罪行为。
3. 能够运用所学基础知识对有关案例作出正确的分析。

关键词

民用航空运输；刑法；刑事管辖

知识框架

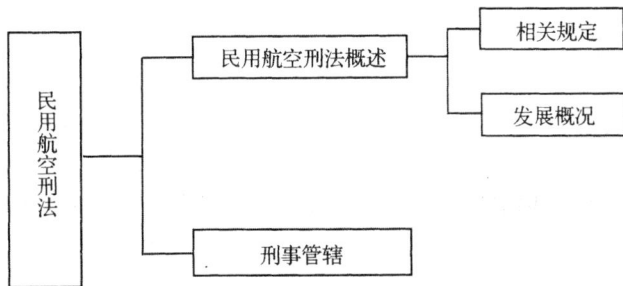

任务导航

案情简介

1998 年 10 月 28 日早晨，中国国际航空公司的 CA905 次航班机长、正驾驶袁斌登上了 B-2949 号波音 737 飞机，袁斌的妻子徐梅也由丈夫安排在正副驾驶后面的座位上。8 时 5 分，这次执行北京—昆明—仰光的航班飞上天空。除了徐梅违反规定坐进驾驶舱外，一切情况都很正常，谁也不会想到，机长袁斌将把飞机劫持到台湾。

案件结果

10 月 28 日深夜，当台湾检方依袁斌夫妇涉嫌违反民用航空法，且在台湾无固定居所而向法院申请羁押获准后，"地检署"法警派了两部车，准备将袁斌夫妇分别送往桃园看守所和龙潭女监时，袁斌夫妇确定两人已无法关在一起时，眼泪随即从徐梅的脸上流下来，而袁斌无奈地看了妻子徐梅后，也被送进囚车，两辆囚车就这样分向离去。

袁斌向台湾"检察官"许炳文表示：夫妇俩愿意接受台湾司法制裁，并一起在台湾坐牢，并希望出狱后，在台湾服务，贡献个人技术专长。后来二人得知可能会被判重刑，而且服完刑后还会被遣返大陆，情绪都很低落。

10 月 28 日 17 时 30 分，台湾"陆委会"在中正机场（现为"台湾桃园国际机场"）的过境旅馆内举行了记者招待会，向中外记者报告了整个劫机事件的情况。"陆委会"发言人表示："劫持飞机是一种国际性的犯罪行为，不管劫机者是什么身份，是以哪种方式劫持飞机的，我们都将依法严办！"

劫机案发生后，立即在台湾引起强烈反响，要求对劫机行为予以严惩，台湾"立委"要求台湾当局尽快处理此事，不要让外界以为台湾是劫机犯的天堂。台北县"议员"赶到机场，手持写着"两岸要和平，反对劫机"等标语，表达他们反对劫机的立场，对于劫机犯，大陆海协要求尽快将其遣返。

导航思考

1. 如何有效防止劫机事件再次发生？

2. 当前我国的航空刑法力度如何？

第一节　民用航空刑法

一、刑法简述

（一）刑法的概念

刑法是规定犯罪与刑罚的法律规范的总和，是惩治犯罪、保护人民、维护社会稳定的基本法律。

（二）刑法的性质与功能

1. 性质

刑法具有区别于其他法律的特有属性，主要表现在：①规定犯罪与其法律后果；②调整与保护的法律关系相当广泛；③在所有法律中最为严厉；④是其他法律的保障法。

2. 功能

中华人民共和国刑法的任务，是用刑罚同一切犯罪行为作斗争，以保卫国家安全，保卫人民民主专政的政权和社会主义制度，保护国有财产和劳动群众集体所有的财产，保护公民私人所有的财产，保护公民的人身权利、民主权利和其他权利，维护社会秩序、经济秩序，保障社会主义建设事业的顺利进行。

（三）刑法的基本原则

刑法的基本原则，是指贯穿于刑法始终，指导刑法运行的全局性、根本性的准则。刑法第三条至第五条规定了刑法的三大基本原则。

1. 罪刑法定原则

《中华人民共和国刑法》（以下简称《刑法》）第三条规定："法律明文规定为犯罪行为的，依照法律定罪处刑；法律没有明文规定为犯罪行为的，不得定罪处刑。"其基本含义是"法无明文规定不为罪""法无明文规定不处罚"。

2. 刑法面前人人平等原则

《刑法》第四条规定："对任何人犯罪，在适用法律上一律平等。不允许任何人有超越法律的特权。"这就是说，不允许任何人有超越法律的特权，不得因犯罪人或被害人的特殊身份地位，或者不同出身、民族、宗教信仰等而对犯罪人予以不同的刑罚适用。

3. 罪责刑相适应原则

《刑法》第五条规定："刑罚的轻重，应当与犯罪分子所犯罪行和承担的刑事责任相适应。"即重罪重罚，轻罪轻罚，一罪一罚，数罪并罚，罚当其罪，罪刑相适应。

二、民用航空刑法相关规定

作为快捷高效的交通方式，民用航空在现代运输中发挥着越来越重要的作用。凡事皆有利弊，与其他运输方式一样，民航也面临来自各方面人为因素的影响，从而危及交通安全与人们的生命财产安全。因此，严厉打击针对民航的犯罪或是保障民航健康发展的基本条件。

（一）国内的现行规定

1. 破坏交通工具罪

《刑法》第一百一十六条规定："破坏火车、汽车、电车、船只、航空器，足以使火车、汽车、电车、船只、航空器发生倾覆、毁坏危险，尚未造成严重后果的，处三年以上十年以下有期徒刑。"本条中的航空器，包括民用航空飞机。飞机本身的安全是航空安全的前提与保障，因此刑法给予破坏飞机的行为严厉打击。

2. 破坏交通设施罪

《刑法》第一百一十七条规定："破坏轨道、桥梁、隧道、公路、机场、航道、灯塔、标志或者进行其他破坏活动，足以使火车、汽车、电车、船只、航空器发生倾覆、毁坏危险，尚未造成严重后果的，处三年以上十年以下有期徒刑。"机场是飞机起飞与降落的场所，机场安全是航空安全的重要组成部分。

3. 劫持航空器罪

《刑法》第一百二十一条规定："以暴力、胁迫或者其他方法劫持航空器的，处十年以上有期徒刑或者无期徒刑；致人重伤、死亡或者使航空器遭受严重破坏的，处死刑。"劫机是以暴力劫持航空器，迫使其偏离航线，飞往劫持者指定的国家和地点，以满足劫机者的要求。作为一种严重的犯罪行为，我国刑法对于劫机规定了严厉的刑罚，打击劫机犯罪已经成为保障民航安全的首要任务。

4. 危害飞行安全罪

《刑法》第一百二十三条规定："对飞行中的航空器上的人员使用暴力，危及飞行安全，尚未造成严重后果的，处五年以下有期徒刑或者拘役；造成严重后果的，处五年以上有期徒刑。"对于乘客在飞行过程中，出于除故意劫机以外的其他目的，以暴力危及航空安全的行为，法律特别规定了本条。

5. 重大飞行事故罪

《刑法》第一百三十一条规定："航空人员违反规章制度，致使发生重大飞行事故，造成严重后果的，处三年以下有期徒刑或者拘役；造成飞机坠毁或者人员死亡的，处三年以上七年以下有期徒刑。"本条是针对航空人员规定的，类似于地面上的交通肇事。

6. 非法携带或托运违禁物品罪

《刑法》第一百三十条规定："非法携带枪支、弹药、管制刀具或者爆炸性、易燃性、放射性、毒害性、腐蚀性物品，进入公共场所或者公共交通工具，危及公共安全，情节严重的，处三年以下有期徒刑、拘役或者管制。"

7. 聚众扰乱民用机场秩序罪

《刑法》第二百九十一条规定："聚众扰乱车站、码头、民用航空站、商场、公园、影剧院、展览会、运动场或者其他公共场所秩序，聚众堵塞交通或者破坏交通秩序，抗拒、阻碍国家治安管理工作人员依法执行职务，情节严重的，对首要分子，处五年以下有期徒刑、拘役或者管制。"

（二）国际条约对犯罪和刑罚的规定

为了有效地打击危害国际民用航空安全犯罪，特别是劫机恐怖犯罪，在联合国、国际民用航空组织的主持下，相继召开了一系列的国际航空法外交大会，专门就制定有关防止和惩处危害国际民航安全的国际公约进行讨论。经过不断的努力，逐步形成了一系列预防和惩治危害国际民用航空安全罪的国际法律文件即国际公约，并确立了相应的国际刑法原则、规则及制度。

为了防止劫持飞机和对国际民用航空的其他干扰行为，国际民航组织曾制定了三个反劫机公约和一个补充议定书。1963 年东京《关于在航空器内的犯罪和其他某些行为的公约》是第一个反劫机公约，对公约的范围、管辖权、机长的权利、各国的权利与责任等均作了详尽的规定。1970 年海牙《关于制止非法劫持航空器的公约》以及 1971 年蒙特利尔《制止危害民用航空安全的非法行为的公约》，对防止和处理、惩治劫机制定了更明确的规则。1988 年 2 月 24 日在蒙特利尔又订立了补充议定书，即《制止在用于国际民用航空的机场发生的非法暴力行为以补充 1971 年 9 月 23 日订于蒙特利尔的制止危害民用航空安全的非法行为的公约的议定书》。我国已先后加入了上述反劫机公约和补充议定书。

以上公约对针对国际民航安全的犯罪行为作了如下一些界定：

（1）在飞行中的航空器内用暴力或暴力威胁或其他任何胁迫方式，非法劫持或控制航空器，对飞行中的航空器中的人实施暴力行为并且足以危及航空器的安全。"飞行中"指所有舱门关上到任一外部舱门打开时。

（2）实施某种行为使航空器不能飞行或危及其飞行安全，包括对使用中的航空器的破坏或损坏、放置某种装置或物质、破坏或损害航行设施或扰乱其工作、传递明知是虚假的情报。"使用中"指地面或机组人员为某一飞行进行飞行前准备时起到飞机降落24小时内止。

根据公约规定，凡实施下列行为或其未遂行为以及实施此类行为或其未遂行为的人的共犯，即构成犯罪：

（1）在飞行中的航空器内用暴力或用暴力威胁，或用任何其他胁迫方法，非法劫持或控制该航空器。

（2）对飞行中的航空器内的人实施暴力行为，如该行为足以危及该航空器的安全。

（3）破坏使用中的航空器，或者对该航空器造成损坏使其不能飞行或足以危及其飞行安全。

（4）不论采用何种方法，在使用中的航空器内放置或唆使他人放置一种装置或物质，该装置或物质具有破坏该航空器，或者对其造成损坏使其不能飞行或足以危及飞行安全的特性。

（5）破坏或损坏航行设施或扰乱其工作，若任何此种行为足以危及飞行中航空器的安全。

（6）传送明知是虚假的情报，由此危及飞行中的航空器的安全。

（7）使用一种装置、物质或武器，在用于国际民用航空的机场内对人实施暴力行为，造成或足以造成重伤或死亡的。

（8）使用一种装置、物质或武器，破坏或严重损坏用于国际民用航空的机场的设备或停在机场上未在使用中的航空器，或者中断机场服务以致危及或足以危及该机场的安全。

课堂互动

情景模拟

每个小组分别模拟一个登机或机上不规范行为，其他组别负责判定他们是否违反了刑法，并给出理由。

思考与练习

请简述刑法的基本原则。

第二节　刑事管辖

一、管辖的概念及原则

所谓"管辖"，在国内法意义上，是指所据以确定某个或某类案件应由哪个或哪类法院受理的标准，即司法机关受理案件分工；在国际法的意义上，则是指一国受理某些具有涉外因素案件的法律依据。涉外案件的管辖权确定之后，至于由受理该案件的国家的哪一类法院来审理，完全是一国内部的事情，应按该国的国内法及其司法制度来决定。

二、国家管辖原则

国家管辖原则是依据国家所享有的管辖权而确定的。国家管辖权是指国家对其领域内的一切人、物和事件以及境外特定的人、物和事件行使管辖的权利。管辖权作为国家的一项基本权利，是国家主权的重要体现。国家管辖权既牵涉到国际法，也牵涉到每一个国家的国内法。从国家内部来看，国家可以在其内部充分地行使各种权力；但当国家从事国际交往时，其管辖权的行使可能涉及其他国家的利益，于是管辖权又成为国际法上一个十分重要的问题。国际法为数众多的原则、规章和制度主要是解决国家管辖权的。从这个意义上可以说，国际法的一项重要职能是划分国家管辖权的范围。因此，一般认为国际法决定国家可以采用各种形式的管辖权的可允许限度，而国内法规定国家在事实上行使它的管辖权的范围和方式。管辖权问题实质上主要是涉及国家根据自己的法律对发生的人、物和事件设法主张其权威的问题。行使管辖权的权利取决于管辖事项与有关国家的联系，即该国有理由对该问题加以规定。关于管辖权的规则，大部分是通过国内法院适用本国法律的判决发展起来的。

根据国际实践，国家管辖权主要分为属地管辖权、属人管辖权、保护性管辖权和普遍性管辖权四种，这四种管辖权也是国家行使管辖的法律依据和法律原则：

其一，属地管辖原则。国家对领土内的一切人和物具有管辖权。

其二，属人管辖原则。国家不仅对在国内的本国人，而且对在国外的本国人都具有管辖权。我国关于刑事管辖权的规定，实行的是以属地原则为主、属人原则为辅的原则。

其三，保护性管辖原则。是指外国人在外国针对一国犯罪，侵犯了该国的利益，该国为保护本国的利益行使管辖权。这一原则的实行范围是有限的，一般来说，只有按照该国的法律和犯罪地所在国法律都构成犯罪并应予以刑罚处罚的，才适用这一原则。

其四，普遍适用管辖原则。指任何一个国家作为国际社会的一员，对某类危害国际社会利益的犯罪，无论犯罪分子的国籍属性，亦无论犯罪地在何处，都有追诉和制裁的义务而行使管辖权。实行普遍适用管辖原则，必须具备两个条件：第一，犯罪具有国际性；第二，各国对该犯罪都有进行追诉的义务。

三、刑事管辖权

关于非法干扰民用航空安全犯罪的国际条约在管辖权问题上，规定了对危害国际航空安全犯罪的普遍管辖权。各公约采取了并行管辖体系。各公约均规定，不排除依本国法行使的任何刑事管辖权。同时，各公约规定了各自的刑事管辖范围。

因此，对航空犯罪有管辖权的国家有以下五类：第一，航空器登记国；第二，航空器降落地国；第三，租来时不带机组的航空器内发生犯罪或者对该航空器的犯罪，承租人的主要营业地国或者其主要居所地国；第四，罪行发生地国；第五，犯罪嫌疑人发现地国。

根据上述有关管辖权的一般法律原则，以及1963年《东京公约》、1970年《海牙公约》、1971年《蒙特利尔公约》所规定的国际法义务，我国国内法针对非法干扰民用航空安全的犯罪行为规定了十分广泛的管辖权。凡在中国境内（包括在中国船舶或飞机内）犯罪，中国均拥有管辖权；外国人在中国境内犯罪或是外国人在中国境外对中国或中国公民犯罪，中国有条件地拥有管辖权；凡在中国境外的犯罪，虽经外国审判，中国仍有条件地保留管辖权。

四、空中刑事管辖权

（一）空中刑事管辖权概念

由于民用航空器在本国领域之外不受任何治外法权，因此，所谓空中刑事管辖权，主要是研究对飞行中的航空器内发生的犯罪如何行使管辖权的问题。

《国际民用航空公约》第十二条规定：民用航空器应遵守当地关于航空器飞行和运转的现行规则和规章；当民用航空器降落停留时在其内发生的犯罪，根据属地管辖原则，受领土地国管辖并受该国法律的约束。但是，对于在飞行中的航空器内的犯罪如何管辖，则是一个复杂的问题。1963年《东京公约》的签署，使这一问题得到了圆满的解决。

（二）航空器登记国原则

1963年《东京公约》首次以国际条约的形式确立了空中刑事管辖权的航空器登记国管辖原则。关于飞行中的航空器内犯罪的管辖权问题，《东京公约》从国籍原则出发，规定飞机的登记国有权行使管辖权（第三条第一款），特别是当行为发生在公海上空和在任何不属于其他国家领土的上空飞行的时候。因此，该原则也同样适用于飞行中的航空器和处在公海海面上或在不属于任何国家领土的其他地区地（水）面上的航空器内发生的犯罪行为。

公约授权机长对犯此行为者采取包括监管在内的必要措施，并将此人送交降落地国的主管当局。

（三）并行管辖制度

所谓"并行管辖"，是指多个国家或者一国的多个法院对同一案件都有管辖权的情形。

1963年《东京公约》以条约形式确立了飞行中的航空器内犯罪的登记国管辖原则，确认了航空器登记国的空中刑事管辖权，但并"不排除（其他缔约国）根据本国法行使任何刑事管辖权"。具体来说，在下列五种情况下其他非登记国有并行管辖权：

（1）罪行的后果涉及该国领土；

（2）行为者及受害者为该国国民或在该国有永久住所；

（3）罪行涉及该国安全；

（4）罪行违反该国有关航空器飞行或操作的规定或条例；

（5）该国根据国际协定有义务行使管辖权。

且《东京公约》未规定管辖的优先次序。因此，《东京公约》建立的是一种并行管辖制度。实行并行管辖制度一方面可以确保罪犯无论在任何地方、任何时间都不能逃脱对其罪行的国际刑事责任的追究；另一方面，不可避免地也会出现各国管辖权冲突的问题，即同一危害国际民用航空安全的案件，依照国际公约或国内立法，几个国家都享有管辖权并都主张其管辖权的情况。对于管辖权冲突的解决，国际社会曾提出过种种设想，如规定优先管辖权、专属管辖权、一事不再理规则、国家协商解决和司法解决等措施。目前，已形成了一些行之有效的解决办法，如对非法劫持航空器罪和危害航空器飞行安全罪的刑事管辖权的确定，可按如下顺序确定优先管辖权，即航空器及罪犯降落国、航空器登记国、罪行发生地国、因罪行利益受到侵害的国家或公民的国籍、罪犯出现国、航空器飞行目的国或起飞国、依照任何国内法规定可以行使刑事管辖权的国家。在同一顺序的管辖权中，出现两个或两个以上国家同时对某一案件拥有管辖权时，就要靠当事国友好协商来解决管辖权优先问题；如果仍不能达成协议，则要交由国际司法裁定，由国际法院作出裁决。对于危害国际民用航空机场安全罪的刑事管辖权，也依上述规则确定。即先按下列顺序确定刑事管辖权国：机场所在地国、人身或财产受侵害的公民的国籍国及利益受损的国家、罪犯国籍国、其他本国法律规定的行使管辖权的国家。当同一顺序的国家就管辖权发生争执时，先由当事国协商解决，协商不成，再诉诸国际司法解决。总之，国际刑法公约的目的是要让每种管辖权都能得到实现。

公约对航空器飞经国行使刑事管辖权有一定限制，规定非登记国的缔约国除上述五种情况外，不得为对航空器内的犯罪行使管辖权而干预飞行中的航空器。所谓"干预飞行中的航空器"是指要求、勒令或拦截飞行中的航空器使其降落，以便行使刑事管辖权。

（四）关于管辖权的具体规定

总体来说，国际条约对于危害国际民用航空安全的犯罪具有普遍管辖权。具体来说，依据1970年《海牙公约》和1971年《蒙特利尔公约》，下述国家对空中犯罪拥有管辖权：

（1）航空器登记国；

（2）航空器承租人主营业所所在地国或其永久居所地国；

（3）航空器降落地国；

（4）犯罪发生地国；

（5）被指称的犯罪分子所在地国；

（6）根据本国法行使刑事管辖权的其他国家。

公约还规定，各缔约国应采取国内立法等必要措施，以确立其对危害国际民用航空安全的犯罪的管辖权。如法国《民用航空法典》规定，法国法院对在法国登记的航空器上的任何犯罪均有管辖权；对于发生在域外的任何针对该航空器的犯罪，同样有管辖权；在外国航空器上或对该航空器的犯罪，凡案犯或受害人为法国人或该航空器在法国降落，或者该机带机组人员出租给一个主要营业地（或住所地）在法国，或者行为人犯有《蒙特利尔公约》规定的某些犯罪而他或其他共犯在法国被发现者，法国也有管辖权。

五、引渡和起诉

（一）引渡概述

引渡一般是指一国的主管机关应有管辖权的他国主管机关的请求，依据国际法的有关规定，将被指控犯罪或判决有罪而又可引渡的域内之人送交他国进行审判或惩处。

引渡的主要特征在于：

第一，引渡的内容是一国将特定的域内之人送交他国审判或惩处。国家通常通过条约对引渡的内容和程序予以明确规定。

第二，引渡的实质是国家间的刑事司法协助行为。

第三，提出引渡请求的国家必须对所请求的事项具有刑事管辖权。当几个国家就同一罪犯提出引渡请求时，除条约有明文规定外，由请求国自由决定优先引渡给谁。

第四，引渡的对象是被指控犯罪或已判刑而又可引渡的域内之人。这种人可以是请求国国民、被请求国国民或第三国国民。

引渡的法律依据是国际法和国内法的有关规定。由于引渡的实质是国家间的刑事司法协助行为，属于国际法调整的范围，要依据国际法的有关规定；引渡又是一国的主权行为，在没有条约规定的情况下，是否引渡完全由一国自己决定，国家没有引渡的义务。因此，许多国家通过国内法对引渡问题予以明确规定。

按照一般国际实践，有权请求引渡的国家是：（1）犯罪人的国籍国；（2）犯罪行为地国；（3）受害国。

在有关引渡的条约中和实践中，通常规定和适用以下原则：

（1）双重犯罪原则。双重犯罪原则又称相同原则，通常是指引渡所涉对象的行为，只有依请求国与被请求国的法律，均构成犯罪并应受刑罚处罚时，才能引渡。从强调某一犯罪行为依双方国家法律处罚的意义上，双重犯罪原则又称为双罚性原则。双重犯罪原则实际上是互相尊重国家主权原则在引渡中的具体体现。要依靠他国的协助，必须尊重他国的主权，而尊重他国主权的具体体现就是尊重他国的法律，尊重他国的公共利益。

（2）政治犯不引渡原则。这一原则是在资产阶级革命时期提出的，最早见于1793年法国宪法第一百二十条的规定。1833年比利时颁布的引渡法明文规定，禁止引渡政治犯。随后许多条约和国内法均对这一原则予以肯定。尽管政治犯不引渡原则被普遍接受，但对于何种行为构成政治犯罪通常是由被请求国自由抉择的问题。由于各国衡量政治犯的标准大不相同，一般条约不对政治犯的含义予以规定，而由被请求国自己决定。但有关国际犯罪的国际公约，通常明确规定将国际犯罪行为排除在政治犯罪之外。因此，政治犯不引渡原则一般不适用国际犯罪，也不适用于危害国际民用航空安全罪。

（3）专一原则。该原则又称同一原则，是指请求国对被引渡的人，只能就引渡请求书中所指控的罪行进行追诉或处罚。因此，凡不在引渡请求书中所列举的犯罪行为，请求国非经被请求国同意不得对被引渡人进行追诉和处罚。因此，这一原则又被称为引渡与追诉效果一致原则或引渡效果有限原则。专一原则的目的是防止请求引渡的国家以引渡为借口，而去迫害被请求国应予保护的人。

（4）本国国民不引渡原则。许多国家在引渡中坚持不引渡本国国民的原则。许多国际条约对这一原则也予以明确规定。坚持这一原则的国家主要是为了维护本国的属人管辖权，也有的国家是担心本国人在请求国处于外国人的地位，会受到不公正的待遇和遇到各种困难。为了防止罪犯因本国国民不引渡的规定而逃避惩罚，许多国际条约规定了"或起诉或引渡"原则，不引渡本国国民的国家应根据条约规定，对罪犯提起公诉。

（二）起诉概述

起诉是指向法院提起诉讼的行为，请求法院对特定案件进行审判。

起诉属于程序法上的问题。在各国国内法上，由于其民事诉讼、刑事诉讼以及行政诉讼的性质各不相同，因而各种诉讼在程序规定上亦不同。

根据我国刑事诉讼法的规定，刑事案件分为自诉和公诉两种情况。凡需提起公诉的案件，一律由人民检察院审查决定。

（三）"不引渡即起诉"原则

1970年《海牙公约》和1971年《蒙特利尔公约》的第七条采用了"不引渡即起诉"原则，即"在其境内发现被指称的犯罪分子的缔约国，如不将此人引渡，则不论犯罪是否在其境内发生，应毫无例外地将此案件提交其主管当局以便起诉。该当局应按照本国法律，以对待任何严重性质的普通罪案件的同样方式作出决定"。这一规定为通过国际合作惩治劫机犯提供或开辟了一条通途，为一切善意履行条约义务的缔约国惩治罪犯提供了明确的法律依据。在此之前的国际法并无此种规则存在。《海牙公约》第八条对引渡作了进一步的具体规定。

（四）国际公约对引渡的具体规定

需要注意的是，各公约均没有给缔约国设立引渡的义务。1970 年《海牙公约》和 1971 年《蒙特利尔公约》第八条在各国自由裁量的前提下，对引渡作了进一步具体规定。

（1）"犯罪应被视为是可引渡之罪已包括在缔约各国间现有的引渡条约中。缔约各国承允，将犯罪作为可引渡之罪列入它们之间将要缔结的任何引渡条约中。"这条规定包含以下三层含义：

第一，空中犯罪是可引渡的罪行。这里就排除了政治犯不引渡原则，也就是说，即使空中犯罪（以劫机犯罪为典型代表）是出于政治原因、也不能排除在引渡罪行之外。

第二，缔约各国间若签订有引渡条约的，公约所指的犯罪应被视为已列入条约中的可引渡之罪的清单中（列举式），因而不必修改原引渡条约。

第三，缔约各国有义务在将来签订条约时，把公约所指的犯罪列入可引渡之罪的清单中。

（2）"缔约各国如果规定只有订有引渡条约的条件下才可以引渡，当它接到未与其订有引渡条约的另一缔约国的引渡请求时，可以自行决定是否将本公约作为对罪犯进行引渡的法律依据。引渡应遵照被请求国法律规定的其他条件。"这段话有两层含义：

第一，缔约国之间若没有引渡条约，被请求国可自行决定以本公约作为引渡的法律依据。

第二，引渡应遵照被请求国法律规定的条件进行。

（3）"缔约各国如没有规定只有在订有引渡条约（的前提下）才可引渡，则在遵照被请求国法律规定的条件下，承认上述犯罪是它们之间可引渡之罪。"对这段话要从以下三个方面理解：

第一，如果缔约国之间没有明确规定必须有引渡条约才可以引渡，则应承认公约所指的犯罪是可引渡之罪，就可以进行引渡。

第二，公约只是规定了"承认"的义务，并没有规定引渡的义务，因此，是否引渡还要由被请求国自行决定，公约不能强迫。

第三，即使引渡还应遵照被请求国法律规定的条件进行。

（4）"为在缔约国间的引渡的目的，犯罪应看作不仅是发生在犯罪地点，而且也是发生在根据《海牙公约》第四条第一款，《蒙特利尔公约》第五条第二款第二项、第三项、第四项要求确立其管辖权的国家领土上。"对这一条应作如下理解：

为方便引渡的进行，空中犯罪应看作不仅是发生在犯罪地点，而且也是发生在前述六种有管辖权的国家领土上。上述规定的目的在于为各缔约国间引渡犯罪分子提供方便。也有学者认《海牙公约》第七条和第八条引入"或引渡或起诉"原则是不彻底的，由于种种复杂的原因，条文未能排除各国的庇护权，它规定的起诉义务也就必然带有一定的任意性。

我国主张《海牙公约》和《蒙特利尔公约》第七条的内容是对"不引渡即起诉"

原则的硬性规定。

课堂互动

翻转课堂

教师讲授重点内容后，其余部分可由学生自主学习，然后上台给其他同学进行讲解，最后由教师进行总结或修正。

思考与练习

1. 我国现行《刑法》规定了哪七种危害民航安全的犯罪？
2. 辨析劫持航空器罪与危害飞行安全罪的区别。

章末小结

本章通过介绍犯罪与刑罚的基础知识，使学生在了解刑法的概念、性质、功能及基本原则的基础上，增强民航安全与反犯罪意识；通过介绍针对民航安全具体的七种类型的犯罪形态，使学生掌握每一种犯罪的具体过程，从而正确识别各种犯罪形式；通过讲解国际上通用的三大反劫机公约，使学生认识民航安全的国际性与国际合作的具体形式。

参考文献

[1] 曹三明，夏兴华．民用航空法释义 [M]．沈阳：辽宁教育出版社，1996.

[2] 崔样建，吴菁，成宏峰．民航法律法规与实务 [M]．北京：旅游教育出版社，2007.

[3] 董杜骄，顾琳华．航空法教程 [M]．北京：对外经济贸易大学出版社，2007.

[4] 董杜骄．航空法案例评析 [M]．北京：对外经济贸易大学出版社，2009.

[5] 董念清．航空法判例与学理研究 [J]．北京：群众出版社，2001.

[6] 董念清．中国航空法·判例与问题研究 [J]．北京：法律出版社，2007.

[7] 郭莉．民用航空法概论 [M]．北京：航空工业出版社，2010.

[8] 贺富水．航空法学 [M]．北京：国防工业出版社，2008.

[9] 刘伟民．航空法教程（第 2 版）[M]．北京：中国法制出版社，2001.

[10] 王小卫，吴万敏．民用航空法概论 [M]．北京：航空工业出版社，2007.

[11] 吴建端．航空法学 [M]．北京：中国民航出版社，2005.

[12] 邢爱芬．民用航空法教程 [M]．北京：中国民航出版社，2007.